丰台区学习共同体项目研究

邢四远

基于协同探究的课堂教学改革实践

杨晓辉 主编

中国言实出版社

图书在版编目（CIP）数据

基于协同探究的课堂教学改革实践 / 杨晓辉主编.
北京：中国言实出版社，2024. 8. -- ISBN 978-7-5171-
4984-2

Ⅰ. G632.421

中国国家版本馆CIP数据核字第2025AJ7080号

基于协同探究的课堂教学改革实践

责任编辑：史会美
责任校对：王君宁

出版发行：中国言实出版社

地　　址：北京市朝阳区北苑路180号加利大厦5号楼105室
邮　　编：100101
编辑部：北京市海淀区花园北路35号院9号楼302室
邮　　编：100083
电　　话：010-64924853（总编室）　010-64924716（发行部）
网　　址：www.zgyscbs.cn　　电子邮箱：zgyscbs@263.net

经　　销：新华书店
印　　刷：徐州绪权印刷有限公司
版　　次：2025年4月第1版　　2025年4月第1次印刷
规　　格：710毫米×1000毫米　　1/16　　18.5印张
字　　数：230千字

定　　价：68.00元
书　　号：ISBN 978-7-5171-4984-2

编委会

序 | 走向协同共生的教育新生态

当今时代的教育变革，正经历着从知识本位向素养导向的深刻转向。在人工智能重构人类认知方式、社会复杂性日益加剧的背景下，教育如何突破传统课堂的桎梏，构建师生共同成长的生态土壤呢？《基于协同探究的课堂教学改革实践》和《协同　探究　共生——丰台区学习共同体项目研究课堂教学案例》以丰台区多所学校的实践探索为样本，系统呈现了学习共同体理念在本土化实践中绽放的智慧之花。书中记录的不仅是课堂转型的路径，更折射出对教育本质的深刻追问：当课堂从"教"的场域转向"学"的共同体，教育的形态将发生怎样的质变？

"协同""探究""共生"三个关键词，恰似支撑教育新生态的三维支柱。

协同，意味着打破师生、生生、师师之间的单向度关系，构建平等交互的网络。在丰台区"学习共同体"学校的课堂中，教师不再是知识的垄断者，而是学习的设计师与协作者；学生不再是沉默的接受者，而是通过伙伴关系的建立，成为彼此的学习资源。这种协同不是简单的分组讨论，而是通过倾听关系的深度培育，让每个声音都被听见、每个思维的火花都能在群体智慧中激荡。

探究，指向学习本质的回归——将课堂转化为问题驱动的思维场域。书中详述的挑战性问题设计策略，彰显着教育者的匠心：真正有价值的问题不是标准答案的诱饵，而是能点燃认知冲突、激发思维纵深发展的火种。当学生为解决问题而检索、辨析、重构知识时，学习便超越了机械记忆，升华为素养养成的真实历程。

共生，则是这场变革的终极旨归。它既包括师生在课堂对话中的共同成长，也涵盖教师群体通过专业共同体的互助迭代，更指向学校管理机制对教学创新的制度性支持。这种共生关系的确立，使教育不再是零和博弈的竞技场，而是生命相互滋养的生态花园。

细览书中案例，处处可见教育者对这三个维度的创造性诠释。在创设心理安全环境的探索中，教师通过"容错机制"和"等待的艺术"，重构了课堂文化的基本语法；在教师学习共同体建设中，观课、评课从评判走向"焦点学生观察"，实现了教研范式的革命性转变；在学校管理层面，弹性化的评价体系与赋权型的管理模式，则为课堂变革提供了制度性保障。这些实践背后，贯穿着共同的教育哲学：真正的学习发生在关系网络中，发生在思维碰撞中，发生在主体间的相互唤醒中。

当前，中国基础教育正经历着新课标落地与核心素养培育的双重挑战。丰台区基于协同探究的课堂教学改革实践启示我们，教育改革不仅需要顶层设计的引领，更需要基层智慧的创造性生发。本书的价值，不仅在于为区域教学改革提供了可操作的行动指南，更在于它证明了：当教育者以协同突破孤立，以探究超越灌输，以共生替代竞争，每一间平凡的教室都有可能成为孕育未来公民的精神摇篮。这种转型或许艰难，但正如书中所记录的，当教师学会蹲下身子倾听，当学生眼中闪烁探究的光芒，教育便已悄然抵达它最本真的样态。

目　录

第三章　如何建立伙伴关系

第四章　如何建立倾听关系

第五章　如何建立互学关系

第六章　教师如何应对学生的生成

第七章　如何建设教师学习共同体

第八章　学校教学管理机制如何保障

第一章

如何创设安全的环境

安全的环境保障每一个孩子的学习权利

北京市丰台区草桥小学　杨进伟

共同体学习是"以学生为本、以学生发展为核心"的教育理念，更重视学生间的伙伴关系培养，保障学生间相互学习，保证每一个孩子的学习权利。学生们在学习共同体氛围中成为真正的主人翁，学会了互帮互助互爱，保障了每一个孩子的学习权利。

一、U形座位形成安全的学习环境

为了能够让学生在更加安全、安心的环境中学习，形成伙伴关系，我们改变了以往教室座位一行一列的摆放方式，一、二年级同桌两两一组按U字形排列座位，三年级开始成为四人一组的U形座位，座位预留的空间保障教师可以自如通畅地和学生接触，以关注到每一个学习小组。

四个人面对面而坐形成一个小组，U字形课桌排列完全消除了第一桌与最后一桌之间的距离，学生看到的不再是同伴的后脑勺，而是他们和善的面容和友爱的目光，这让学生间的交流有了更强的对象感。

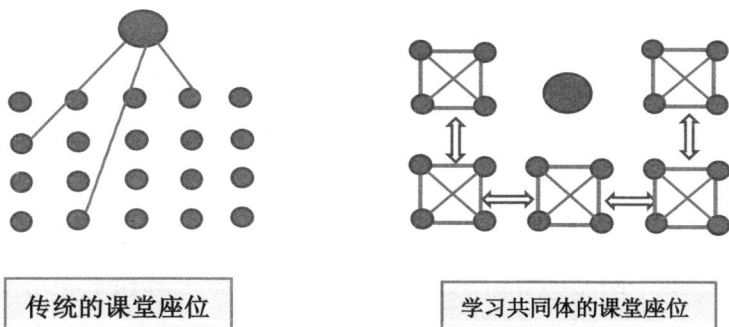

传统的课堂座位　　　　　学习共同体的课堂座位

　　班级的座位安排，对于学生之间的人际交往极为有利，学生与学生之间有许多共同话题，彼此之间交流没有心理压力，能够互相帮助，起到了事半功倍的效果。小组同学无论在学习中还是在活动中一起交流，一起讨论，互相补充……较弱的同学有了伙伴，可以随时求助，获得了更多的学习机会，增强了自信。当小组协同学习遇到瓶颈时，小组间还可以互相联动，倾听旁边小组的发言、向别的小组请教，扩大交流面，学生的交往增多，和谐共进的氛围使每个孩子都在收获着。

　　安全的学习共同体氛围是学生学习得以真正发生的基础与保障。教室呈现出一种等距离面对面的爱，体现出包容个性差异的平等态度。课桌排列的改变，不只是一种形态的变化，更是一种教育理念的彰显，一种教育观念的转变。课堂教学不再是教师讲学生听的模式，而是教师和学生共同成长、共同学习的场域。

二、自由建组形成安心的学习伙伴

　　为了营造和谐氛围，使每一个孩子都能积极参与小组活动，乐于与伙伴一起学习，在小组建设时，充分尊重每个孩子的意愿，让他们自愿选择伙伴。

分组前老师提出相应的要求：4人为一个小组，每个组的成员有男生有女生；有学习好的还要有学习弱的；有善于表现自己的也要有内向不爱表达的。分组的原则主要采用互补式，将个性差异和思想素养、文化成绩、行为习惯优秀的同学、中等同学与处于低层次的同学调配在一起，这样各个小组的基本情况相近，一方面使不同层次的同学相互影响，相互帮助，团结协作，共同进步，另一方面也有利于小组间平等地展开竞争。

小组的成员是孩子们自己的选择，他们一定是彼此认同才会坐在一起，这样每一个孩子都不会被落下，有利于一起合作，小组成员间是安全、融洽、和谐的。教室里的学习让每个孩子都能得到尊重，每个学生的学习权利都能得到保障，孩子们能放心地打开自己的心扉，安心学习，这既促进了伙伴关系的形成，又促进了每一个孩子的发展，班级自然而然就形成了"润泽的课堂"。

三、环境布置形成安定的学习氛围

创设温润的教室环境布置，最终目的是希望学生能感受到班集体是安静、温暖、协同的。

为了更好地打造学习共同体氛围，形成班级文化，开展协同学习，那么在班级建设中要让教室形成一道风景，让每个地方"会说话"。老师们根据不同年级学生的特点，不同学科的内容，在教室的黑板、墙壁、扎板等各个地方张贴标语，这润物无声的语言，时时提醒着学生的言行，助于他们养成协同学习的习惯。让学生在耳濡目染中学会倾听、思考、交流、质疑、感悟，自然而然地形成互学关系，感受到平等、尊重、信任和关怀的力量。

　　在班级展板中，老师要预留出比较大的空间，以此来张贴学生学习单，重视学生学习思考的过程，将平时的学习过程、思考方式展示出来，让展板成为学生学习思维可视化的地方。

营造宽松的课堂氛围 给学生足够的安全感

北京市丰台区丰台第五小学 李郝静

安全课堂，顾名思义，即强调学生在课堂中感受到的安全感。在安全的课堂上学生才敢说、敢疑、敢问、敢写，有效张扬学生个性才能充分发挥其自主性。对于学生来说，需要自己、伙伴、老师三方携手，以润物无声的力量共筑有安全感的课堂。

一、营造宽松的课堂氛围，释放学生的勇气

（一）缓解心中的急躁，勇敢面对"我不会"

许多学生对自己的情绪控制能力较弱，遇事容易急躁，让学生做到不焦躁，教师就要表现出不急于得出问题的答案，给予学生足够宽松的课堂氛围，让学生尝试自我心理调节，用本该紧张的时间回归问题，探索答案。到了规定时间，展示出自己探求出的部分，并有勇气向其他同学说出自己无法解决的内容。

《画鸡》一课，我观察到有一组同学不明白"满身雪白走将来"中"将"字的含义。这时，学生出现了自己无法解决的问题，与其任由他

们在"无措"中虚度时间，不如指引学生：再读读，或者再观察书中的插图。尽管他们在规定时间内并没有找到问题的答案，但是他们的时间用在了观察、思考、学习中，他们也是有收获的。

（二）战胜心底的畏惧，勇敢说出"我不懂"

佐藤学教授曾经说过，学习共同体不是找出学生的共性，而是发掘学生的个性，以形成独一无二的共同体，是"交响的学习"。这种学习方式最重要的是让每一个学生都能够安心地学习，让学生能够大胆地说出"我不懂"。

小乐从来不主动举手回答问题，被迫站起来，也不说话，几次找他谈心才得知，他怕答案错误，被同学们笑话。其实这种情况十分常见。所以在进行课堂习惯培养时，一年级的同学也在努力学会在自己回答完问题之后，询问他人："你们同意我说的吗？谁还有补充？""谁能来帮帮我？""我来帮你补充。""我觉得你说的很好，我特别喜欢你说的……""我明白了，谢谢你！"通过简单的对话式问答，潜移默化地让学生知道学会感谢帮自己指出错误的人，而不是惧怕别人的建议，可能别人只是想认同你并称赞你的优点。当小乐发现同学回答错误不仅不会被嘲笑，还受到了大家的鼓励后，他终于勇敢地问出了那句"谁能帮帮我？"那一瞬间，我相信他已经战胜了自己心中的畏惧。

二、建立亲密的伙伴关系，感受同学间的温暖

（一）温暖是面对困难的互相帮助

学习共同体的课堂上最常出现的就是老师抛出一个问题，先给同学

们一些时间，自己进行思考，再和同桌进行交流。小组的交流中最有效的是相互协同环节，每个同学都很有可能因为同桌的一个"要不我给你讲讲吧！"的提示而茅塞顿开，或者是一个质疑而恍然大悟。

（二）温暖是同伴之间的互相赞赏

在共同体课上，我鼓励孩子们学会：当你起立为前一个同学进行补充之前，先学会夸一夸别人"我觉得你说的特别好，但我要给你补充……""我觉得你声音特别洪亮，但你有一个地方说的不对。"能先去赞同别人，再巧妙地用一个"但"字委婉地指出问题，就会给那位同学的心里带来一股暖流，他也会愿意去改正这个问题。所以即便是出于对同学的关怀，也是一个非常值得每个同学去学习的习惯，这对于减少同学们的自卑感起着很重要的作用，也会助力培养伙伴之间的亲密关系。

三、观察学生的所思所想，关注学生的需求

营造安全的课堂氛围也需要多方面的努力，除了学生自己的心理调节，同伴、同学之间的倾听和陪伴，老师的作用也尤为重要。

（一）不断鼓励，保护学生的积极性

教师的言行举止对班级文化的创建十分重要，班级里洋溢着家的温暖，会给孩子更自由、更舒适的学习环境，这是比"课堂安全"更为重要的"心理安全"。营造安全的课堂氛围，教师首先要能理解和宽容学生在学习场所的各种表现。教师要做到充分尊重学生，转化自己的角色，不随意评断学生，要学会鼓励，以保护学生的思维和积极性。其次，展现老师的倾听艺术。不仅能听懂学生通过语言、行为所表达出来

的信息，还要听出他们没有明确表达的、隐含的内容，并能适时地提示补充和解说。

我喜欢在课上进行积极地旁观，仔细地看、认真地听，设身处地地感受学生的所思所想，随时掌握各个学生的学习情况，预想下一步如何组织、指导、引领学生进行学习。当学生的思维活动和结论超出自己所设计和期望的轨道时，也万万不要去强行把他们的思维纳入自己的思维模式之中。尽量鼓励孩子大胆质疑，欢迎学生与自己争论探讨，给予学生尽量多的机会发表自己的意见，促使学生逐步形成自身的创新意识。

（二）用心设计，提高学生的参与度

教师是学生学习环境的设计者，是学生学习的引导者、组织者，同时也是合作者。在教学的过程中通过各种适当方式的设计，给学生足够的吸引力，并给予学生心理上的安全和精神上的鼓舞，使学生的思维更加活跃、探索热情更加高涨、在交往互动中共同发展，学习的能力跟着逐步提升。

在关注到学生需要午读时间来分享自己读书收获的诉求后，通过一个"共读一本书"的小活动，鼓励学生享受与伙伴的相处时间，并在这一过程中，展示自己的思考收获。

教师和学生之间、学生与学生之间敢于相互合作、相互交流，从而实现学习共同体的"造血功能"，这不止让孩子学会知识，还会主动去探索知识。以润泽的力量不断完善课堂，使我们的课堂更加高效，这也是学习共同体的意义所在。

U 形座位　等距离的爱

北京市丰台区丰台第五小学　何亚辉

我以常年的班主任经验，结合学生身高编排座位，在小组中，让个矮的学生排在前面，个高的排在后面，并时常让学生知晓：我是大个子，要照顾小个子，应该在后面。同时，我还考虑到学生的性格、视力，以及个性等因素，让个别"特殊"的学生在座位编排上感受到心理上的尊重。我以公平之心对待学生，但仍无法照顾到每一个学生的需求。为给学生创造健康、和谐的学习和生长环境，我进行了以下尝试：

一、改成 U 形座位

在学习共同体的研究实践中，我认识到创建"润泽课堂"的第一步，也是关键的一步，是为学生创设舒适的课堂物质环境——U 形座位，于是，我告诉学生和家长们，"我们的学习共同体构建首先从改变座位开始，让课堂上形成生生、师生多向互动的网状结构，让学生有机会看到更多的同伴，降低小组讨论音量，方便同伴倾听，照顾到了学生的身高、视力等需求，营造安静环境，为师生之间的相互学习、倾听和回应提供了良好的物质环境"。全班欣然接受了这次座位大变革。

二、自愿选择同桌

在 U 形座位排列之后，与之相对应的是解决同桌两两搭配的问题。为建立伙伴关系，我先是让女生抽签决定男生伙伴的方式进行搭配，这样有利于提高共同体成员协同学习的积极性与有效性，让学习自觉、遵守纪律的女生影响、带动男生共同进步。但有的学生提出建议：应该自愿选择同桌，男生和男生同桌，女生和女生同桌。我反复思量后，又进行了第二次 U 形座位排列，这次我让学生自由组合，自主选择伙伴，学生们兴致勃勃，大多数选择了自己志同道合的好朋友。

这次自由组合换座位，孩子们内心幸福了，教室里变得更加和谐，这为我的课堂教学提供了良好的物质基础。

学生们说："同桌是自己的好朋友，交流范围扩大，共同学习兴趣增加，'一对一'辅助学习效果提高，大家都有了伙伴意识。这是有史以来最快乐的一次换座位。"

共同体学习的 U 形座位催生了"等距离的爱"。现在我走下讲台，站在学生中间，在平等的交流中，学生们心中想的是："老师尊重我们的想法，理解我们的心情与感受，爱就在我们身边。"

共同体学习的 U 形座位排列还增强了课堂的交往性。从空间特性上看，U 形的座位排列扩大了师生、生生交往的范围；从心理因素来看，教师来到学生中间，有助于消除教师"至高无上"的定位给学生带来的"压迫感"，形成平等、民主的新型师生关系，提高了师生的交往密度。所以，在共同体学习中，我们可以看到每个学生都参与了学习过程，为了完成同一个目标，同伴之间全力合作，努力争当班中的"最强搭档"：你不会的，我教你；我不会的，你教我，实现了资源共享和思维碰撞。

在安心的倾听氛围中，学生的发言会慢慢地被触发："听了他的发言，我也发现……""我认为他的发言不够完整……""原来我还以为……现在我知道了……"教师则通过倾听和串联，纠偏补漏，让高质量的学习成为可能！共同体学习的精彩之处恰在于此。

多维度创设安全的课堂环境

北京市丰台区第八中学　肖瑞娟

在构建学习共同体时，要创设安全润泽的课堂环境，让每一个学生都能在一个安全和谐的环境中相互合作交流，促进探究式学习深入进行，达到核心素养的培养。针对如何创设安全的课堂环境，我进行了以下实践与探索。

一、态度先行，树立意识

在思考如何创设安全的课堂环境时，我首先想到的是态度。态度决定一切，因此在学生刚入学时，我就和学生一起了解学习共同体课堂要素以及课堂愿景，埋下构建的种子。在基于学习共同体理念进行班级文化建设中，开展了一系列活动，学生提出思考我们要创设一个安全、润泽、尊重、平等，每个同学都有自由表达自己意见的机会等的课堂环境，从而形成了班级学习共同体公约。

二、环境构建，营造氛围

有了态度、有了安全的意识，那么我们则需要通过物理环境来潜移默化地创设并维护。对于班级安全的物理环境，我从以下两个方面进行营造。

（一）用心安排座位

在学习共同体课堂中，我们首先是将座位由单人单桌调整为男女混合四人一组或三人一组，混合性别有益于活化探究性学习，而且组员是按照不同的个性和能力随机编组。但是基于对班级深层次学情的剖析，我则在以上的基础上结合学生学力程度、性格特点、组织能力和表达能力进行分组，更新成员。组合后利用班会课让学习共同体小组组员围绕磨合过程中小组之间出现的优势与不足进行研讨，形成小组共同目标及目标实施的具体措施或公约，达到小组团队的建设。此外，我也会随时关注每个小组成员间的契合度；学生的反馈；阶段性评价等，根据实际情况适时重新编组、更新组员，促进班级整体安全氛围的构建。

（二）让墙壁也发声

班级初建学习共同体时，学生虽然已经了解学习共同体的要素及我们的构建愿景，但习惯的改变不是一蹴而就的，因此需要老师和学生共同努力。在一次讨论中，学生提出了将学习共同体公约张贴在墙壁上的好主意，由此激发了我们创建会说话的墙壁的思考。

我们在班级前方黑板上方的墙壁上粘贴了学习共同体公约及课堂讨论与交流的音量等级，学生一抬头则可以看得见便于提醒自己；定期对各个小组在营造安全课堂学习环境的优势做法及优秀表现在后扎板张贴共享。

三、言传身教，协同成长

物理环境是形，那么精神氛围则是神，在安全的精神氛围构建中我们从师生、生生两个角度进行构建。

（一）教师示范引领

对于老师而言，首先要敢于变革，将课堂的主体交给学生，对教学进行思考、研究、探索。明确了角色变换后，老师在课堂上要有足够的耐心去倾听学生的讨论与交流，在学生讨论过程中，要弯腰俯身融入学生的讨论中去，倾听学生讨论的深度及生成，做好在恰当的时机为学生进行引导，让学生感受到老师对他们的尊重与信任，促进学生的讨论持续深入地进行。同时，也可以用一些肢体语言去鼓励学力低的学生主动询问。

其次是学生在班级分享时，关注学生和老师的站位问题。起初我发现在讲台上分享时学生的站位有时是完全背对座位上的同学的，有时是侧身目光只盯着自己的答案，老师呢，有时直接走到了班级后边只做了一位倾听者。经过和学生一起摸索与研究，我们发现好的站位就是老师的站位和讲台上的学生、下面的学生各要保持 45° 角，这样老师的目光既能追随分享者，给分享者足够的尊重，也能随时观察下面学生的倾听状态。

最后，课堂上适时的正向评价也非常重要。对于学生的分享，我们要给予积极的引导，鼓励每个同学积极思考，主动表达自己的观点，同时也能够认真倾听他人的想法，汲取他人发言中的优势做法，优化自己的观点，从而形成安静思考、安心倾听、安全表达的课堂氛围。

（二）学生协作学习

物理环境构建的过程中，学习共同体小组建设已初步形成，那么我们需要的就是语言上的磨合与彼此之间包容的培养。由于小组成员间的学力是不一样的，因此在讨论交流过程中学力高的学生可能会有一定的优越感，会不经意地刺激到学力低的学生，甚至伤害到这部分学生的自尊，这就要求我们要从如何用和谐的、尊重的、平等的语言去讨论，如何做一个安静的且有思考的倾听者等带着学生去研究。这些研究我们从两方面进行，一是对每个组学力强的学生和可以作为组织者的学生进行小范围沟通培训，使其掌握耐心地倾听并组织小组进行探究式讨论的方法。二是鼓励学力低的学生树立自信并敢于在组内去发言请教。在学生基本上已经创设了安全润泽的课堂环境后，我们则开展了探究式对话促学生深度学习等系列班会，促进学生协同学习有序发展。

安全润泽的课堂环境可以给予学生安全的发声机会，尊重、平等的倾听状态与评价有助于学生协同学习过程中探究式的深入进行，促进学生学习的真实发生。创设安全润泽的课堂环境需要我们不断探索与开发，从而更好地促进学生核心素养的培养与落实。

蹲下来　全接纳

北京市丰台区草桥小学　李银凤

安全的课堂环境是每个学生的学习真正发生的重要保障。不安全的课堂会影响学生学习潜力的充分发挥，课标中提到的"乐于提问，敢于质疑""探究能力""创新精神"也不能很好地得到培养。对学困生而言，不安全的课堂，会使他们愈发焦虑、恐惧，有问题也不敢提，没学会更不敢说，日积月累，与其他学生的差距会越来越大。创设安全课堂环境，首先需要教师真诚地尊重、接纳每一个孩子。

一、平等视线

当教师走到孩子身边倾听、问询或安抚时，可以先蹲下来，和孩子平等视线后再开口。看似一个不经意的动作，却能让孩子感到被重视。

二、完全接纳

在共同体课堂上，教师更应该关注的是学生的学习状态，认真倾听、大胆质疑、乐于分享等，而不是仅仅关注答案是否正确。因此，我们要做到以下几点。

第一，当学生发言错误时，我们要表扬他乐于分享，同时可以让他再梳理一下思路，如果能发现自己的错误就接着表扬他，如果他发现不了自己的错误，让他问问同学是否有补充或者疑问，同学自然会指出他的错误所在，这时就要引导学生学会面对错误，接受建议，改正错误，这样孩子们就敢于大胆发言，不再担心答错了会受批评或受嘲笑了。

第二，当孩子在课堂上表达得不是那么清楚、完整时，首先肯定他会思考，有想法，再询问他是否能再尝试一次或需要同学的帮助。

第三，当孩子的思维停滞或慢下来时，不要急于催促，可以先安抚他不要着急，再鼓励他重新梳理一下思路，提示他实在想不出来也可以向同伴寻求帮助。

第四，当有孩子大胆说出"我不懂""我不会"时，教师要在全班同学面前赞赏他们实事求是的学习态度。

只有与学生坦诚相待，才能让学生安心地学习，大胆地表达。

第二章

如何设计挑战性问题

挑战性问题要挑战什么

北京市第十八中学　郭秀平

　　挑战性问题能够引发学生进行高层次的思考，有助于推动学生开展高效的合作探究学习，是实现"学习共同体"高效课堂的关键因素之一。挑战性问题对学生来说肯定是不易解决的难题，那么挑战性问题到底应该难在什么地方，又要难到什么程度呢？以下是我在实践中的一些认识。

　　挑战性问题要挑战学生的原有认知观点。如果老师设计的问题与学生原有的认知观点一致，没有引起学生的认知冲突，那就很难引发学生对这个问题进行深入的思考和探究。如果老师设计的问题颠覆了学生原有的认知观点，使学生产生了强烈探究愿望，那课堂就会高效开展，就会推动学生进行合作探究学习。随着问题的解决，学生的认识水平就会得到提升。

　　挑战性问题要挑战学生的原有认知结构。学生的认知结构包括知识体系、概念体系等。老师设计的问题如果过于简单，学生通过查阅相关资料，将知识纳入自己原有的认知结构中就能解决，这个问题就不是挑战性问题。如果老师设计的问题学生仅靠知识量的增加无法解决，必须改变自己原有的知识体系、概念体系，建立起新的认知结构，完成质变才能将问题解决，这样的问题才是挑战性问题。

挑战性问题要挑战学生的判断力。如果老师设计的问题没有干扰因素，或者干扰因素不强，学生很容易进行识别和判断，那么这个问题就不是挑战性问题。设计带陷阱的问题，并不是要存心为难学生，而是要引发学生质疑，培养学生的申辩式思维能力。所以，老师设计的问题要能够引发学生对知识本身以及对知识的发现、发展过程进行科学判断和价值判断，在问题解决的过程中，学生的判断力不断得到提升。

挑战性问题要挑战学生的思维广度。老师设计问题的面不能过窄，要对相关知识进行整合。一是要整合本学科内不同领域、不同方面的知识；二是要整合相关学科的知识；三是要整合学生、教材与生活的联系。这种综合性问题是对学生思维广度的挑战，使学生能够对多元信息进行有机联系、分析和判断，从而在问题解决的过程中不断拓宽思维的广度。

挑战性问题要挑战学生的思维高度。老师设计问题的高度当然要高于学生当前的思维，问题在于要高出多少。如果高出的程度不够，那问题会很容易被学生解决，达不到挑战性。但如果老师设计的问题高出学生当前水平过多，学生没有解决的可能性，也就失去了意义。

老师设计问题的高度应该这样确定：凭学生个人当前的知识储备和能力，如果没有外力的帮助，无论怎么"跳一跳"都摘不到"果子"。当然，问题的入手要容易一些，使学生能够看得到"果子"，不至于产生畏难情绪。既然学生自主学习解决不了这个问题，那就需要与同伴进行合作探究，就要得到老师的启发和引导。最终随着问题得以解决，学生完成质变，思维高度提升。

但老师设计挑战性问题的高度是很难界定的，需要老师认真研究学生，明确学生现有的水平，即知道学生当前"在哪里"，还要分析学生短期内有可能会达到什么程度，这就需要老师备课时要认真、深入地"备学生"。

挑战性问题要挑战学生的创新能力。培养学生的创新能力是教育的重要任务，更是时代对人才的需求。但创新能力不一定是要学生创造出新的东西，让学生对知识进行重新建构也是创新，学生举一反三、闻一知十的迁移能力也是创新能力。

当然，学科之间存在明显的差异，挑战性问题的设计还要从学科特点出发，要符合学科本质。但无论哪种挑战性问题的设计，老师都要付出相当多的时间和精力去了解、研究处在动态中不断变化的学生，这是任何先进技术都不能代替的。

挑战性问题的设计，要求老师具备精深的专业知识和能力，掌握高超的教育、教学方法，拥有丰富的实践经验以及理论联系实际的能力；还要具备学生的相关知识，拥有深入研究学生的能力，能够准确把握学生的行为以及行为背后的意义。

挑战性问题设计的策略

北京市第十八中学附属实验小学　　王　琪

学习共同体的课堂以提升学生的学习力作为最终学习目标，而设计具有挑战性的问题则成为提升学习力的重要策略之一。课堂学习中，为学生提供在学生最近发展区的与文本有关系的挑战性问题，学生在解决挑战性问题中既享受学习成功的愉悦，也在认知上获得一次"跳一跳摘到果子"的锻炼，学生的学习力及高阶思维在经历解决挑战性问题中得到提升，核心素养得以发展。下面以小学数学学科为例进行挑战性问题设计策略的阐述。

一、"图形与几何"领域挑战性问题设计的策略

（一）基于图形认识的工具进行设计

"图形与几何"是数学四大领域之一，其中"图形的认识与测量"主题可以从图形认识的三个主要工具进行开放性问题的设计，以此来培养学生空间观念、推理意识及创新意识的发展。

1. 分类。

分类是认识图形的主要工具之一，可以围绕"分类"进行核心问题的设计，如"给图形分类，说一说你分类的标准是什么？""给所画的线进行分类，并说一说分类的理由。"学生经历分类的过程，不仅对图形或者位置关系有了更加深入的认识，而且会从多个角度思考问题，促进学生创新意识的发展。

2. 分析。

分析是验证猜想的重要方法，可以围绕"分析"进行核心问题的设计，如"用你喜欢的方法验证长方形是否具有对边相等、对角相等的特点"，学生可以通过多种方法进行验证，形成严谨的数学思维。

3. 表示。

学习的知识是否得到了内化呢？学生的思维需要可视化，可以通过想一想、说一说、写一写、画一画等多种形式让学生表达自己的想法。例如："请你想一想长方形长什么样子？把你心目中的它画下来。""平行和相交是什么状态，把这两种状态画下来。""根据给定的平面图，你可以想象出总共有几个小正方体吗？它们是如何摆放的？"这样的形式既给予学生充分自由发挥的空间，又促进了学生空间观念的发展。

（二）基于图形间的关系及公式背后的道理进行设计

"图形的认识与测量"主题可以从图形与图形之间的关系、公式背后的道理进行挑战性问题的设计，以此来促进学生推理意识的发展。

1. 图形与图形之间的关系。

图形的要素与要素之间的关系、图形与图形之间的关系是图形研究的重要内容，同时也是图形认识的难点，基于此进行挑战性问题的设计，例如："长方形和正方形之间有什么关系？""平行四边形和梯形之间有什么关系？"学生根据长方形和正方形的特征进行分析、推理得出长方形和正方形的包含关系，对于长方形和正方形包含关系的理解可以迁移到长方体和正方体的关系，以至于平行四边形和长方形的关系，这种推理分析的方法也利于学生对平行四边形和梯形并列关系的理解。

2. 公式背后的道理。

"公式"是"图形的认识与测量"的主要内容，无论是二维的面积还是三维的体积都有相关的公式，前测发现，大部分学生都知道公式，但是对于公式背后的道理很少有人说明白，因此，挑战性问题的设计不应是公式是什么，而应是为什么是这个。例如：对于长方形的面积应将"长方形的面积为什么是长 × 宽？"作为挑战性问题，学生分析出长、宽与小正方形每行的个数与行数的对应，面积即为单位个数面积的累加，同理，可以用这种推理分析的方法对体积公式进行理解。

通过挑战性问题的设计，促进学生的发散性思维、空间观念的形成，促进分析、推理、创新等高阶思维的发展。

二、"数与代数"领域挑战性问题设计的策略

（一）基于核心概念进行设计

"数与代数"的核心概念是计数单位及其个数，对于不同的内容基于这两个核心概念进行设计核心问题，例如：出示两个珠子，这两个珠子可以表示多少？对于这样的开放性问题，引发学生对于数位以及计数单位的思考，珠子所在的数位不同则表示的计数单位是不同的，从中体会一个数的大小是由计数单位及其个数所决定的。再如创造一个分数，

你创造的分数和几分之一之间有什么关系？在创造中理解分数的意义，体会分数与分数单位之间的关系，促进数感的发展。

（二）基于算理进行设计

学生在学习整数加减法时已经知道需要末位对齐，所以，在进行小数加减法时也进行了末位对齐，这是整数加减法的经验对其产生了负迁移，其本质原因是学生没有理解末位对齐的道理是相同的计数单位相加减。因此，在进行整数和小数加减法运算时设计挑战性问题：末位（小数点）对齐的原因是什么？学生在真正理解后，就可以将其迁移到分数加减法，理解异分母的分数加减时要先进行通分然后再加减。无论是末位对齐、小数点对齐，还是通分再加减，都是相同计数单位的个数进行运算。

（三）抓住联系进行设计

知识之间是有联系的，只有注重知识间的联系才会形成知识网络。对于数认识部分：数的表示、数的读写、数的改写、数的大小比较有什么相同的地方，让学生通过观察、举例、比较得出这些都是基于计数单位及其个数，数的读写都是把计数单位及其个数读出来或者记录下来，数的改写是计数单位变大（小），计数单位的个数变少（多），数的大小比较是比相同计数单位的个数。

对于数的运算：整数、小数、分数加减法有什么相同的？在这一挑战性问题的驱动下引发学生深入思考，整数末位对齐，小数的小数点对齐，分数的通分都是相同计数单位的个数进行运算。

对于不同的运算：加法、减法、乘法、除法之间有什么联系？乘法是几个相同数的相加，乘法是加法的简便运算；加法是把数合起来，减法是分开，减法是加法的逆运算，除法是乘法的逆运算。

　　这种基于核心概念、基于算理、抓住联系进行挑战性问题的设计，可以深化对于知识的进一步理解，促进数感、运算能力等核心素养的提升。

　　挑战性的问题一般具有开放性以及结果的不确定性，可以拓宽学生思考的宽度与强度，从多个角度分析问题，有效培养学生的想象力、批判力和创造力。具有挑战性的问题，更能激发学生的学习兴趣与探究欲望。另外，挑战性问题的思维含量高，仅凭个人的力量往往不易解决，只有借助集体的力量才能更好地攻克，所以合作交流成为解决问题的必然。对于每位学生来讲，解决挑战性问题都是莫大的成功。无论是个体解决，还是集体攻克，学生都会尝到成功的喜悦，并且这种积极的情感体验是非常强烈的。因此，一个好的富有挑战性的问题，对学生学习动力的激发，学习能力的提升，核心素养的发展，高阶思维的提高等方面都有重要的意义。学习共同体的课堂以挑战性问题为载体，以学习者为中心，结合学生的心理特点、认知水平及学科本质设计不同类型的挑战性问题，可促进学生的发展。

创设挑战性问题的路径

北京市丰台区第八中学　刘怡琛　张　涛

学习共同体课堂中，高质量的挑战性问题创设了公平共赢的学习机会，高学力与低学力学生获得均等的机会，激发学生的学习兴趣和探究欲望，促进学生高阶思维和核心素养的落实，促使学习真正发生。基于此，教师要设计好高质量的挑战性问题，引导学生走向深度学习。本文从四个方面为教师提供挑战性问题的设计路径，供教师参考。

一、基于学科本质提出挑战性问题

真正的学习是基于学科本质的学习。大概念就是学科的核心和本质，如何提取"大概念"和转化"大概念"是解决挑战性问题的途径，是我们关注的重点。

在教学实践中"大概念"可以通过课程标准提取，我们要认真研读并关注课标中"内容要求""学业要求""教学提示"出现的高频词、例证等内容，结合教材的具体内容从中发掘出单元教学的大概念，也可以借鉴前人的智慧成果，如使用数据库或者专业的教学平台对最新的案例比较分析，搜集高频问题，从中提炼出大概念。

大概念是抽象的，无法直接呈现给学生，需要老师围绕大概念进行转化。教师在确定好单元的主题和大概念后，罗列本单元的学习目标，通过通俗性的语言将目标转化为问题，只要能够让学生产生不断的思考和回答就可以作为挑战性问题。它既与大概念保持一致性，又具备了通俗性、开放性与持久性。学生可以充分发表自己的观点，不断持续思考，走向深度学习。

二、基于学情提出挑战性问题

挑战性问题过易，难以激发学生的学习内驱力，学习停留在浅层；过难则扼杀学生学习的积极性，挫伤学生学习的信心。对此，挑战性问题的设置需要位于学生的"最近发展区"，联系学生的认知发展规律和知识阅历基础，设身处地思考学生的学习情况。

在教学实践中首先对已学知识通过课前测试、作业分析或与学生交流，了解学生当前的知识水平、具备的能力和已有的学习经验。其次，教师要预设学生在新课学习中可能遇到的问题，例如问题的"矛盾点""生长点""空白点"。最后，教师结合学情选择合适的问题点进行挑战性问题的设计。

只有准确地分析班级和学生个体的情况，才能"以学定教"设计出符合学生思维水平的挑战性问题，为不同班级的学生提供适宜的学习支架，激发学习潜能和挑战困难的兴趣，取得最佳的学习效果。

三、基于真实情景提出挑战性问题

实际生活情景是打开学科知识和现实经验的一把钥匙。通过真实情

景的直观性，引领学生积极调动生活经验，加强了课程内容与学生现实
生活经验的联系。

真实情景所创建的挑战性问题多为任务性问题，教师可以依据学科
内容选择与学生产生认知冲突或紧密联系的真实情景思考设计挑战性问
题，其过程可以分为三步：依据主题罗列本节课的教学目标；寻找真实
情景；创设任务性问题。值得注意的是，基于真实情景的挑战性问题要
将任务与职业或社会建立联系，实现学生角色的转变，学生沉浸式体验
解决实际生活的问题，甚至运用多学科知识才能解决实际问题。在解决
过程中学生也会产生新的问题，教师要及时引导启发，纠正学生的认知
错误。

在真实情景下学生建构起知识与知识之间的联系，最终提出解决
问题的方法，完成挑战性任务。这一过程培养了学生真实问题的解决能
力，也落实了学科素养。

四、基于学生调研提出挑战性问题

学生在学习过程中产生的疑问和兴趣也是设计挑战性问题的重要源
泉。教师可以通过调研问卷的方式，收集学生的问题了解他们的兴趣点
或困惑。

在调研问卷的设计中，教师既要包含基础性问题，也要设置开放
性问题，让学生充分表达自己的观点。教师将调研结果进行总结归纳分
类，对于学生产生的共性问题，例如学生知识理解的障碍点、模糊点，
教师将其列出并寻找出现此问题的原因和关键点，然后根据关键点设计
挑战性问题。教师可以通过对比的方式呈现出来，让学生在对比思辨过
程中提炼概念、方法、技能等。这种方法可以让学生对知识的认知从模

糊变得清晰，促进学生对知识的深度内化。

这一挑战性问题来自学生自身，激发学生的好奇心和对学习的兴趣。又具备一定的难度，激发了学生的探究欲望，促进学生高阶思维的发展。

总之，挑战性问题的创设是一个持续探究的过程，教师需要基于学科本质、学情、真实情景和学生调研等方面综合考虑，不断进行反思、修改、完善，设计出符合学生学情又能激发学生探究欲望的挑战性问题。

如何设计挑战性课题

北京市丰台区第八中学　李　阳

在课堂教学中，设计具有挑战性的课题是激发学生学习兴趣，挖掘学习潜能，进阶思维能力的有效途径。挑战性课题能够促进学生的思考能力、创新意识、问题解决能力和团队合作精神。如何设计出科学、合理、有效的挑战性问题，教师需要把握住三个关键点：教学目标、核心素养、多元化评价。教学目标明确了课题任务的方向，核心素养体现了课题任务的价值意义，进行多元化评价则是检验课题实效性，为完善课题设计提供有力支持的重要手段。

一、基于学情，教学目标导向下设计挑战性课题

设计挑战性课题时，教师应充分考虑学生的整体学情，包括他们的知识储备、认知基础、生活经验以及学习时的心理状态。如果课题过于简单，学生会感到无趣，无法激发他们的思考和求解的欲望，而如果课题过于困难，学生可能会感到无从下手，从而失去兴趣，出现挫败感。因此，客观分析学生实际情况，结合学生实际能力水平设计难度合理的挑战性任务至关重要。常用的调查分析学情的方式有问卷调查、预习学

案、课堂教学观察、考试数据等，教师可以结合多种方式对学生的实际能力水平进行判断分析。

在设计挑战性课题时教师还要注意围绕教学目标制定课题任务。清晰明确的教学目标是一切教学活动的出发点和终点，是课堂教学中每项学习任务的指挥棒，而挑战性课题则是帮助学生在实现教学目标的过程中接近他们的最近思维发展区，达到能力进阶。由此可见，教师要将教学目标与挑战性课题紧密结合，才能更有效地促进学生的学习和发展。教师在制定教学目标时要注意目标应该明确，具体，可检测。同样，挑战性课题的要求也要明确，清晰易懂，可检测评价，这样，学生才能明白做什么，怎么做，做到什么程度。

二、基于课标，核心素养导向下设计挑战性课题

（一）创设真实任务情境

教师在设计挑战性课题时，要设计真实的，贴近学生生活实际的任务情境。

真实性任务情境包括情境、人物和任务三个要素。真实性任务情境能够有效考查学生的知识综合运用能力和迁移能力，能够给学生提供运用书本知识解决生活实际问题的机会，增强学习的意义。

（二）指向深度思维能力

深度思维能力是指学生在学习过程中超越知识表面的记忆和理解，深入理解知识内涵，形成自己的见解，从而灵活运用知识并正确迁移到其他知识领域。科学有效的挑战性课题一定是指向学生深度思维的学习

过程。深度思维能力的任务需要学生综合运用所学知识，运用批判性思维、逻辑思维和问题解决能力创造性地探索出任务完成的路径。这个过程提高了学生的实践创新能力，也发展了他们的高阶思维。

（三）设计开放性综合任务

开放性综合任务通常是指那些具有灵活创造空间，自由包容，把知识串联融合到一起的任务。这种类型的课题会调动学生的主动性和创造性，鼓励他们独立思考，同时又互助合作，探索多种解决方案。教师要设计开放性综合任务，首先要认真研备教材，整合打通单元模块教学内容，然后结合教学目标与学科核心素养，巧妙设计成一个集知识、思维、素养为一体的综合性任务。

另外，开放性的挑战性课题能够激发不同学力的学生主动参与其中，并使他们在完成任务的过程中都会有不同程度的收获和成长。

（四）设置辅助问题帮助

挑战性课题是激发学生深入思考、探索多角度解决复杂问题的过程。在这个过程中，不同学力的学生会出现不同的心理状态和不同程度的答案生成，也会遇到困惑和阻碍，教师要给予必要的指导和引导，包括资源上的支持，以保障学生能够有信心继续探索下去，直到任务完成。辅助性帮助可以是辅助性问题引导，也可以是增加同伴互助的机会，抑或单独对有困难的同学进行针对性的帮助和指导，以增强他们的信心。

三、基于评价，结果导向下调整完善挑战性课题

挑战性课题需要清晰、具体、多元化的评价标准来检验和衡量课

题的价值和成果是否达到了教师的预期目标。多元化评价旨在全面地反映学生的能力，不仅仅局限于考试成绩，还包括学生的参与度、创新意识、批判性思维、知识综合运用能力、团队合作能力等多方面的表现。

常用的评价方式有问卷调查、课堂观察、借助评价量规进行自我评价和同伴互评等方式。教师可以根据具体的评价目标和情境进行灵活选择和组合使用，以确保对学生的表现进行全面和准确的评估定位。教师从多维度的评价结果中不仅可以了解到学生对教学目标的达成度、思维能力上的优劣势，也可以看到所设计的挑战性课题存在哪些不足，在未来的课题设计中需要做哪些改进和调整。由此可见，有效的教学评价不仅可以促进学生的学习，也促进了教师在课题设计上的提升和改进。

综上所述，设计科学有效的挑战性课题需要教师在课前做好充分的准备和调研，在设计过程中充分考虑课题任务想要考查学生哪些能力和素养，在实施过程中进行及时具体的诊断和评价。

自主设计挑战性问题　为课堂学习"留白"

北京市丰台区丰台第五小学　曹丽宁

　　思辨性阅读与表达是《义务教育语文课程标准（2022 年版）》提出的一个重要概念。"思辨"最早出自《中庸》的"博学之，审问之，慎思之，明辨之，笃行之"这句话，意思是慎重地思考、明确地辨析。思辨性阅读是以思辨为主要特征的阅读方式，是阅读主体对文本信息进行深入思考辨析并作出合理评判的阅读活动。

　　阅读教学中，教师应给学生提供充足的思维空间，让他们能够自主地发现问题，提出问题，解决问题，营造适合学生思考的空间，培养思辨能力。

一、自设挑战性问题，为学生交流"留白"

　　在阅读教学研究中，教师应教给学生发现问题的方法，让学生自读自悟，自主发现，提出有意义、挑战性的问题。这样学生在交流协作中的每个个体的互动所形成的意义链和关系链构成更清晰和易于操作，从而让学生有的可说，有想表达的欲望。

　　在学习《在炮兵阵地上》这一课时，同学们在初读完课文后，就文章不理解的字词、文章写作背景及社会环境、篇章结构、作家及作品、人物性格等方面进行了提问。大家票选出最想研究的问题和最有价值的问题——"彭总是个怎样的人"展开讨论。整堂课的讨论能看出学生全员投入，思考很深入。基于个体的思考明辨后的交流更有实效。

有一组学生汇报到通过"别的事？什么别的事！"这句话感觉彭总是个严肃易怒的人。因为团长缺乏现代军事的常识，并不是故意把弹药库建在阵地前沿，彭总这样严厉的责问打消工作积极性。

另一组同学说出不同的见解："彭总对出现的问题追究责任，是严格要求下属。这正是彭总对自己工作负责的体现。"反刍文本后，这组一个内向的孩子说："做值日你还说，都先别写了！快做值日吧！一会儿就检查了！能说你易怒吗？"听罢，这个同学非常同意地点点头。一个问题就这样在有效的同伴协同学习中轻易解决。

由此可见，学生根据实际困惑自主提出的挑战性问题，像石块投入湖中泛起的涟漪，让每个学生跳一跳够得到，促使学生产生强烈的求知欲和情感共鸣。

二、自设挑战性问题，为学生想象"留白"

爱因斯坦说过："想象力比知识更重要，因为知识是有限的，而想象力概括着世界上的一切，推动着进步，并且是知识进化的源泉。"学生有了丰富的想象力，就能冲破狭小的领域，飞向广阔的认识世界。

在讲《跳水》一课时，同学们就"船长为什么要用枪逼迫孩子跳水，跳水是不是最好的办法？"这一问题进行讨论。学生围绕文本内容进行理解，交流，但对船长机智果断的性格特点体会不到位。学生想还有其他方法，用枪指着自己的孩子不是唯一的方法。于是，授课时学生把挑战性问题改为：船长为什么用枪逼迫孩子跳水，还有没有其他的方法？这个问题大大激发了学生学习的兴趣，一石激起千层浪。有的孩子认为，"……即使他不会失足，拿到了帽子，也难以转身走回来。"中的"难以转身"，并不是真的没办法转身回来，如果孩子转身回来，危险更大，很多同学表示同意。有的孩子认为，可以让孩子抓住桅杆上的绳子滑下来。还有的孩子认为，可以让水手们在甲板上接住孩子，或下边垫充气垫避免摔伤……

在学生丰富的想象与课文的对接中，他们渐渐对文本中写的环境、情节有了更深刻的认识，对于船长的人物性格理解也起到推波助澜的作用。这样的挑战性问题设置不仅使学生与文本进行勾连，更促进学生对课文理解的深入思考。保护这种欲望，培养这种能力，对于学生的终身学习将是大有益处的。

三、自设挑战性问题，为学生思维"留白"

思维能力是学生对客观对象产生分析、综合、比较、抽象与概括的过程，是一种综合能力的体现。挑战性问题的设置能激发学习动机、引发学生思考，是学生思维的助燃剂。

在教学《金色的脚印》一课时，学生提出了"老狐狸为救小狐狸都做了些什么？"和"狐狸一家和正太郎之间的关系发生了怎样的变化？"这两个问题。一个从正太郎的观察角度抓住了课文的明线，是从文章内容上讲的，另一个以正太郎与狐狸一家情感及行为变化这条暗线进行研究。在授课过程中，学生通过自学能回答第一个问题，挑战难度不大。通过调整，问题改为："这是怎样的狐狸？"一石激起千层浪，学生进入的快，倾听认真，交流也顺畅多了。一组说道："我们认为这是机智和知恩图报的狐狸，理由是……"其他组学生在此基础上进行了补充，汇报的观点明确，有理有据。学生通过关键词语，联系上下文，联系生活等方法理解了狐狸一家的有情有义。这一节课学生意犹未尽。由此可见，挑战性问题从情感入手，使每个学生都能张嘴说、有的说。挑战性问题的提出与巧妙设置，对提高学生研究兴趣、提升学生思维水平和思辨的能力具有重要作用。

阅读为语文教学之本，思辨阅读能力培养为教学之魂。在阅读教学中，我们充分了解学生，整合挑战性大问题，就一定能创设出适合学生思维发展的阅读学习平台，营造一个适合学生个性化建构的生态课堂，使不同基础、不同特点的学生都能获得应有的发展与进步，打造真正意义上的高效课堂。

紧扣核心问题，培养学生的思辨能力

北京市丰台区丰台第五小学　李　萌

信息科技课程的核心问题，分为两类，一是通过核心问题，发现"真问题"，开展"真探究"，得出"真结论"；二是对于核心问题，没有绝对的对与错，而需要学生辩证地看待问题。

一、精炼核心问题，开展真探究

我特别喜欢沈晓敏老师说的：今天我们来谈谈 ×× 话题，或者探究一下 ×× 问题。让课堂变成研究的地方，学生核心素养的培养则会成为水到渠成的事情。以往的信息科技教学活动中教师更注重软件操作技能的培养，让学生学会使用软件。

在《有趣的二进制》一课中，教师从学生熟悉的手机内存引入，让学生思考"为什么计算机的内存是 128G、256G 和 512G？"，从而引导学生共同发现提炼出本课的核心问题是：为什么计算机选择了"二进制"？

为了回答这个问题，学生在整个学习过程中又涉及了不同的小问题。利用问题的串联，带领学生一步步揭开问题的本质。如下图所示。

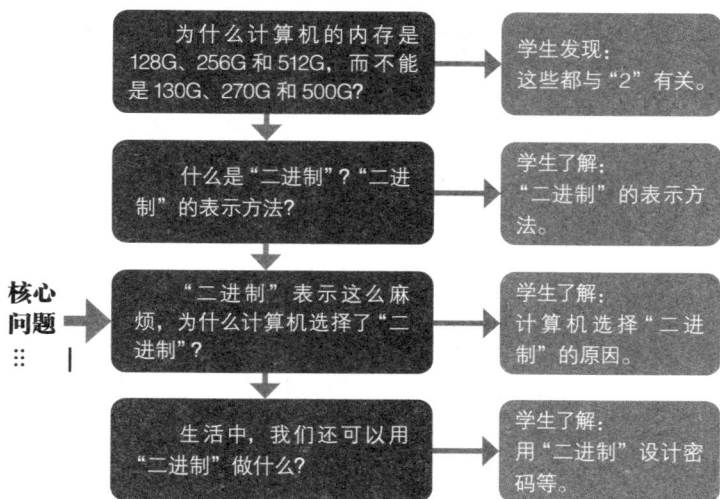

串联问题与学生收获之间的关系

首先，学生通过体验游戏"'0'和'1'"和微课，了解二进制的表述方法，并学会用二进制表述自己的学号。

◆游戏"'0'和'1'"

我们先来玩一个游戏"'0'和'1'"。游戏规则：用下面的5张牌分别表示1、2、4、8和16。如果是空白面，则相对应的位为"0"；如果显示数字一面时，则显示相对应的数字。

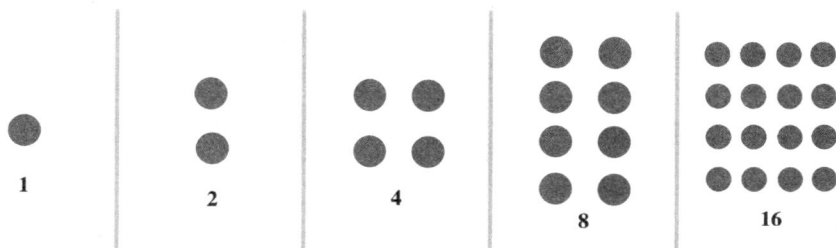

其次，学生在利用二进制表述生活中常用数字的过程中，体会到使用二进制的不方便。所以学生认识到，生活中我们不选择二进制。从而引发学生的思考：二进制这么烦琐，为什么计算机要选择"二进制"？以此来发现本课的"真问题"。

学生自学学习资料，开展"真探究"，得出"真结论"。了解计算机选择"二进制"的原因：运算规则简单，硬件可实现，具有可靠性、稳定性、抗干扰性的特点，且运算能力强大。

在这个数字化时代，计算机已经成为我们生活中不可或缺的一部分。而二进制作为计算机内部运算的基础，更是支撑起了整个数字世界的运行。通过核心问题引领，学生深入探究并理解了计算机为何选择"二进制"作为其内部运算的基础，也对计算机的工作原理有了更深刻的认识。

二、利用核心问题，培养学生的思辨能力

在《重复的美——绘制正多边形》一课中，核心问题是：绘制正多边形时，旋转的角度与正多边形的边数有关系吗？

为了让学生能够更好地理解，我围绕核心问题拆分为几个小问题：

◆如何确定"重复执行的次数"和每次"旋转的角度"？

◆你是否能发现正多边形的"边数"与"内角和度数""旋转的角度"之间的规律？

第一，学生利用"重复执行 10 次"和"右转 ↻ 15 度"绘制正方形。从而发现"重复执行的次数"和"旋转角度"之间的关系。

第二，根据已知的知识，总结规律。学生在四年级的时候已经学习了正多边形内角和的知识。填写下面的表格。

正多边形	边数	内角和度数	每个内角度数	旋转的角度
正方形				
正三角形				
正五边形				
正六边形				

　　同学们通过正多边形内角和的计算公式，得出正多边形的内角和 = （n-2）×180°。根据完成情况，我发现有些同学认为"旋转的角度"与正多边形的"内角度数"是一样的，而有些同学则认为不是。如下表所示。

正多边形	边数	内角和度数	每个内角度数	旋转的角度
正方形	4	360°	90°	90°
正三角形	3	180°	60°	60°
正五边形	5	540°	108°	108°
正六边形	6	720°	120°	120°

　　在这样的探究过程中，学生的认知发生冲突，于是我让学生在程序中进行验证。随之，学生们发现，除了正方形外，如果旋转的角度 = 内角度数，则无法绘制出其他正多边形。究其原因，是因为程序中"旋转"的角度不是内角，而是外角。

　　此时，我再通过画图，让学生用手指代替画笔，一起体验正多边形的绘制过程，发现旋转角度的"秘密"。以正三角形为例，如下图。

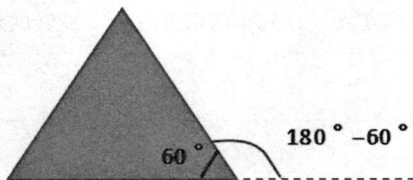

正三角形内角、外角度数　　　　绘制正三角形的旋转过程

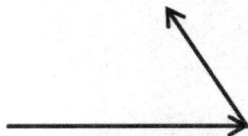

最后，用公式进行推演。

我们用 n 表示边数，A 表示正多边形内角和的度数，B 表示正多边形中一个内角的度数，C 表示需要旋转的角度。

A=（n−2）×180°　　　　B=A/n　　则 C=?

我们推算出：C = 180°−（n−2）×180°/n

通过简化公式，得出：C = 360°/n

本节课中，学生们带着疑问，经历了从已知到未知，再到已知的探究过程。利用核心问题，不断追问，让学生的认识更加深入，培养学生的思辨能力。我想探究的价值便在于此了。

在整个学习过程中，无论是利用问题的串联带领学生一步步揭开问题的本质，还是利用核心问题培养学生的思辨能力，目的都是为了实现学生思维的外化，培养学生超越基础信息处理和理解层次的思维活动，让学生学会独立思考，具备思辨能力，实现从"技能培养"到面向"思维产出"的教学转变。

设计匹配目标的大问题　促学生深度学习

北京市丰台区丰台第五小学　米　烁

深度学习是学习者身心充分自主参与，触及学科本质，全面、完整、丰富的学习体验。设计匹配目标的大问题可以充分实现学生与文本、与同伴、与自我对话，也就可以架起从学习发生到深度学习的桥梁。目标准确是核心，有意思、有意义的大问题是媒介，深度学习是结果。三者合理匹配则可实现发展学生身心，使学生主动学习，探究知识背后的内涵与意义，达到走向更高阶学习的目的。

一、抓文本反差设计匹配目标的大问题，促深度学习

学生读文本后发现前后反差很大，与现实中自己的认知截然相反，所以抓文本反差设计问题可引起学生的兴趣。抓文本情节的前后差异，将问题充分匹配目标，这样的问题吸引着学生从学习发生逐步走向深度学习。例如，四年级上册五单元《麻雀》一课，为使学生感受老麻雀的无畏精神，开始我以问题"文章中你对哪些语句印象深刻？"引发学生思考。这个问题广度大，学生难以聚焦。

当问题替换成"为什么如此凶猛强大的猎狗看到一只弱小的老麻雀

会退缩了呢？"课堂效果立刻转变。学生对比不同角色体会老麻雀的无畏，在辨识中感受到强大的猎狗被老麻雀强大的爱的力量震慑住了。

设计大问题抓文本中与现实生活反差较大的情节能使学生读起来更有兴趣。从学生真问题入手结合目标更容易激发学生学习兴趣，思考走向深入。例如，《普罗米修斯》一课，我发现学生的疑问是"大力士赫拉克勒斯为什么宁愿背叛自己的父亲也要救下了普罗米修斯？"学生的疑问和本课普罗米修斯的英雄品质目标非常契合，于是我就把这个问题变换成第一人称视角切入课堂学习，学生学得津津有味。

所以关键反差情节是撬动课堂思考的杠杆，学生喜欢这样的问题。课堂中从自己感兴趣的问题出发开始学习让课堂充满趣味，这也是引发深度学习的重要条件。

二、从情节联系设计匹配目标的大问题，促深度学习

学生关注情节之间的联系，设计引发深入思考的沉浸式问题将学生代入故事情节之中，设身处地的以第一人称沉浸其中思考问题，更易达成目标，深度学习。感受普罗米修斯为人类造福，不屈不挠的精神是本节课的重点突破目标。大问题"如果你拥有神力，你会救下普罗米修斯吗？"将普罗米修斯造福人类与受罚的情节串联在一起，感受出他为人类造福取火的重大意义是延续人类种族，同时也体会到他不屈不挠的精神品质。课堂上，学生不禁也想要救下这位造福人类的英雄，达到沉浸式思考与学习效果，实现深度学习。

再如，我用问题勾连普罗米修斯拒绝劝说与受罚情节，用问题"为人类造福要受到这么残酷的惩罚，你认为值吗？"引导学生发现他其实有三次自救的机会。学生不禁要问，究竟是一种怎样强大的力量在支撑

着普罗米修斯？答案就是，在英雄心里有造福人类的坚定信念。

通过多次设身处地地联系情节，让普罗米修斯的英雄形象在学生心中越来越丰满，通过文本的前后勾连，通过不同角度审视与整合，启发学生更加深入、全面地思考。

三、深挖语文要素设计匹配目标的大问题，促深度学习

学生在通过学习文本理解语文要素的基础上，深挖至应用实践层面。匹配目标抓要素与特点设计思辨性问题，在已有学法基础上延伸思考，探究知识内涵与意义，变所学为所用，让学生不仅知其然，还知其所以然，更能自然应用于生活实际。《麻雀》作为习作单元的首课，服务于习作应用，所以有必要研究出作者写法的好处。因此，借思辨性问题"作者运用自己看到的、听到的与想到的写出老麻雀的无畏，这些内容缺一不可吗？"激发学生思考。课堂中，学生发现也许并非缺一不可，但如果像作者这样写会使整个故事显得非常真实、让读者感觉身临其境。学生深入思考，纷纷表示自己在写作中也会这样写文章。

之所以设计这样的问题是基于把一件事写清楚的单元要素，达成从看、听、想多个角度充分把事件写清楚的目标。同时，也从学情出发，不仅要了解作者的写作手法，还要明白写法好处，为应用于自己的写作做足准备。

再如，《普罗米修斯》中设计思辨性问题——"有人说，现在科学进步了，不需要再读神话了，说说你的想法。"此问题引导学生结合自己的生活实际，深入思考。学生讨论发现，虽然科学技术迅猛发展，但仍要保持对未知世界的探索，对未来永存希望，人类也会因此不断进步。

这个思辨性问题让学生找到学习神话的意义。

通过目标导向准确设置问题，学生透过一篇神话感受到学习这一类神话文体的意义。课堂更纯粹，主线更清晰，省去很多不必要的"弯路"，在学生的真实难点下足功夫，课堂更有实效。

综上所述，目标清则方向明，基于学生的兴趣，设计匹配目标的情节反差、沉浸式、思辨性的大问题架起学习发生与深度学习的桥梁，使学生更乐于主动进入深度学习，这样的课堂少兜圈子，学生喜欢，效率倍增。

目标导向，问题引领深度学习，我将继续前行在路上。

研究核心大问题 促进学生"真"学习

北京市丰台区丰台第五小学 张红燕

在本阶段的共同体教学研究中,紧扣主题"研究核心大问题,促进学生真学习",我进行了以下探索。

一、设置课前学习单——解决美术学习广度问题

每节课的时间有限,想加大研究的深度和广度,提升学生查阅资料提炼信息的能力,就要在课前设置调查任务。在讲三年级《设计动漫标志牌》一课时,让学生课前联系生活,到现实中找到各种各样的标志牌画下来;用手机或相机到街道、小区、商场里去拍一拍生活中的标志牌;通过网络、咨询长辈等方式调查生活中的标志牌有什么作用;美术字体的样式;学校需要的提示语;喜欢的动漫形象……通过实践活动在画一画、拍一拍的过程中加深对标志牌的认识,通过查阅资料、筛选资料提升调研能力,训练学生通过思维解决美术学习广度问题。在课前对创作主题的调研使学生更深刻地了解学习主题,绘制的作品也会更生动,促进学生"真"学习。

二、课中研究大问题——解决美术构思问题

（一）基于课前调研，研究核心大问题

在讲《生机勃勃的早晨》一课时，学生课前调查，搜集、提炼信息，课中研究文本，探究核心问题"怎样创作一幅表现生机勃勃早晨的作品？"学生完成课前学习单，课中交流汇报出：① 可以表现早市的早晨，把和爷爷奶奶买菜的情景画出来；② 表现吃早点的人们；③ 表现上学、校门口人多、车多的情景；④ 表现早锻炼的人们、公园里晨练的爷爷奶奶、小区里跳广场舞的人；⑤ 校园中跑步、打排球、做值日、升旗时的同学们；⑥ 还可以表现地铁、公交车上忙碌的人……学生通过课前观察生活、搜集资料，课中与文本对话，与同学交流，串联总结出的创意涵盖生活的方方面面，十分丰富。只有对生活的细致观察，才能创作出更有创意的作品。基于课前调研，研究核心大问题，解决了构思宽度问题，让学习真正发生在学生身上。

（二）基于文本，研究核心大问题

在讲三年级《奇妙的效果》一课时：让学生自己看书，研究大问题——书中介绍了哪种奇妙的效果？在三年级8个班的教学中，学生都能通过看书研究书中的文字、图片资料，通过自学、小组交流等方式研究出"奇妙效果"产生的方法和原因并总结出："油画棒、蜡笔（油性）+水粉、水彩（水性）→油水分离。"在讲《色彩斑斓的窗户》一课时，学生基于文本，研究的核心大问题是："从名家作品中我看到了什么？（每人至少想出三种答案）"学生通过自己思考→小组交流→小组汇报得

出："线条多、颜色多、形状多、图案多、抽象、遮挡、混色、粗的线、细的线……；有表现动物的、几何图形的、人物的……"是色彩斑斓的窗户。学生从大师的作品中受到启发，有了独特的想法，创作了"星系窗、黑猫窗、圣诞窗、皇室窗、彩色吊灯窗、万圣窗、花房窗、蝴蝶窗……"通过文本研究核心问题，发散了思维，提升了能力，解决了构思的广度问题，让学习真正发生。

（三）基于协同学习，"攻克"核心大问题

在共同体学习中，简单的问题学生以自学的形式自己攻克；偏难的问题，自己解决不了的，就与小组成员进行协同学习，共同攻克难题；更难的问题需要全班共同讨论与老师一起攻克。如：五年级美术《近大远小的透视现象》是专业的美术知识点，也是不容易理解和不容易表现的内容。学生共同研究核心问题"举例说明什么是透视现象？"在认真研读了文本之后，和同组的同学协同学习，共同研究透视现象是什么？有的同学探究出近大远小，有的同学研究出近宽远窄，还有的同学研究出近高远低。通过协同学习，小组成员之间的交流，孩子们掌握了两三种透视现象。在全班小组汇报串联中，学生理解了近大远小、近宽远窄、近高远低、近实远虚等透视现象并通过实例讲清了透视现象的原理。如此枯燥、不容易理解的核心问题，通过学生自学、协同学习就这样解决了。理解了透视现象的原理，就能创作出符合透视关系的作品，解决了构思的深度问题，也让学习真正发生了。

三、学生示范、教师示范——解决绘画问题

完成一件满意的作品，除了解决学生创作的深度、广度问题；核

心大问题解决构思问题；还要解决绘制的问题。因此，在课前的美术学习单中，设置了绘画的难点，让学生在课前先画一画解决了部分绘画问题。课中，小组成员互相交流课前学习成果，研究绘画方面遇到的问题之后，老师请同学到黑板上板演人物绘制的全过程。比如《快乐童年》一课，绘画的难点是人物的表现，学生在黑板上板演人物绘制的全过程，就更清楚了怎样才能更好地表现人物，他们运用的方法也更利于学生接受。是先画出脸型→头帘→发型→上衣→裤子→手→脚的顺序，还是先把人物的脸型画成圆形，再添加头发→五官→上衣→裤子→脚→手的顺序。观看本班学生的画法让学生对人物的绘画方法理解得更加清晰。老师再针对人物动作的变化，画面的遮挡、疏密关系加以强调。通过学生示范、教师示范，清晰地解决了绘画的难点，学生的好构思得以实现，促进学生"真"学习。

例谈初中语文挑战性问题的设计

北京市丰台区第八中学　王　琴

　　佐藤学教授在《学校改革：学习共同体的构想与实践》一书中指出，基于小组的协同学习可以保障高学力学生达到更高的学力水平。协同学习中必须包含"挑战性学习"的高水平课题挑战。学生在挑战"好像理解却又不太明白"的课题时，最能体验到对学习的全神贯注。设计高质量的挑战性问题，无论对激发学生的学习动机，提升学生的思维水平，还是学习共同体的建设都至关重要。

　　我们语文组的老师在学习共同体的建设中，认真研究教材、分析学情，提出了一个个高质量的挑战性问题。

一、聚合阅读体验，推动思维发展

　　阅读是读者与文本、作者的对话，每个学生的经历、知识背景和学习能力不同，阅读的体验也不尽相同。那些局部的、个性的阅读体验汇聚在一起发生碰撞，由此产生的认知也会更加深刻而有趣，使得学生的思维和对文本的认识提升一个层次。

　　李新颖老师执教《皇帝的新装》一文，在熟悉了情节的基础上，提出了"是谁导演了这场戏"这一挑战性问题。学生们各抒己见,有说皇帝的,皇帝穿新衣成瘾,给了骗子可乘之机;有说骗子的,骗子骗术高明,利用衣服的特性吸引了皇帝,让其他人也不敢说真话;有说大臣的,大臣们害怕别人说自己不称职,没说真话;有说老百姓的,老百姓们也跟风赞美皇帝的新装。在大家倾听和发表见解的过程中,孩子们自然而然悟出所有大人都是导演,是他们共同制造了这个骗局。老师顺势引导孩子们从文章多处的"都"字品析成人世界中的私心、虚荣心、盲从等复杂心绪,读出了童话的深邃意蕴。

二、关注写作方法,引导理性思维

语文阅读教学中,对文章内容的梳理和思想情感的体悟是老师们教学的重要内容。我们关注文章"写了什么",同时也要关注文章"怎样写的",关注语言的表达特点,体会这样表达的妙处,这是从感性思维通向理性思维的有效路径。

郑艳婷老师执教《破阵子·为陈同甫赋壮词以寄之》一文,在感知诗歌描写画面的基础上,郑老师提出了挑战性问题"以上画面是如何体现壮词之'壮'的,请你任选一幅作赏析,并说说它体现了词人的什么情感"。有的学生从内容角度分析:大块吃肉,大碗喝酒,演奏悲壮的边塞音乐,在阔大的战场举行战前阅兵,很有气势。有的学生从修辞角度分析:"弓如霹雳"使用比喻和夸张,通过拉弓声音之大侧面体现战争的激烈。在学生发言交流的基础上,老师总结:文章构写梦境,通过对比词人的美好理想与英雄年迈的无奈,抒发词人壮志难酬的悲愤。学生从这节课上收获的不仅是对这首词内容和情感的理解,还收获了作者是如何抒发这种情感的。运用"构写梦境"与现实对比的写法,他们可以去分析其他作品。"授人以鱼，不如授人以渔。"掌握了方法，学生能够运用解决问题的方法去解决更高深的问题，为今后的学习做好铺垫。

三、抓住文本"矛盾"，促进学生深思

文章行文看似"矛盾冲突"的地方，往往是隐含作者深刻用意的地方。抓住文本"矛盾冲突"的地方设置挑战性问题，不仅可以挖掘作者的思想情感，还可以培养学生多角度辩证看问题的思维方式。

刘玉舒老师在执教《回忆我的母亲》一课时，让学生梳理朱德母亲的事件并填写了简历，又出示了母亲去世后党中央和毛主席的挽联，让学生提出疑问。学生提出了挑战性问题"这位母亲究竟是平凡的，还是伟大的"。老师让学生在文中圈画依据，说出自己的想法。有的学生认为母亲平凡：她是旧社会的劳动妇女，文章所写的也是那个时代劳动妇女所做的平凡小事。但也有同学认为不平凡：母亲的精神人格不平凡，母亲影响朱德走上革命的道路，并支持他的革命工作。在学生交流的基础上，老师引导学生归纳"这些语句从哪些方面体现了母亲的平凡或伟大"。通过自主提问、找依据、归纳这几步，学生认识到：母亲出身贫寒却有着伟大的精神；身份普通，却将儿子培养成才，献身革命；生活琐碎，平凡的人生却孕育着伟大的力量，作为千百万劳动人民中的一员，创造了和创造着中国的历史。在高质量的挑战性问题的驱动下，学生不仅理解了母亲这一人物形象的独特性，还提升了分析、归纳、评价能力。

四、创设问题情境，消除理解盲点

消除理解盲点需要老师能够捕捉学生在文本阅读中不知道或自以为知道的地方，既需要对教材有深刻的解读，又需要对学情有准确的把握。当我们围绕学生的理解盲点设计挑战性问题时，学生自然就会有探究的兴趣和成就感。

我在执教《我的叔叔于勒》一文时，分析了菲利普夫妇眼中于勒形象的变化，从而感知了菲利普夫妇唯利是图的形象特点后，我创设了一个问题情境：假如你是菲利普夫妇，在船上遇到落魄的于勒，你会不会认他？一石激起千层浪，有的学生说会认，因为于勒是亲弟弟。有的说丈夫会认，但是妻子不会。更多的学生说不会认，因为文章写了他们家很拮据，省吃俭用，如果认了于勒，女儿的婚事很有可能告吹，有很多无奈。我设置的情境让大部分学生能站在菲利普夫妇自身处境而不仅仅是读者道德批判的角度看问题。于是学生读出了莫泊桑小说的温情，他不仅在批判人与人之间的金钱关系，也反映了当时社会小人物处境的艰难和无奈。这个角度是学生自己在阅读文本时的理解盲点。通过问题情境的设计，很好地解决了这一问题，提升了学生对小说主题的多元解读。

综上，我们要在深入研究教材、了解学情的基础上，通过对阅读体验、写作方法、文本"矛盾"、理解盲点的深挖，设计高质量的挑战性问题，更好地建设学习共同体，激发学生的探究兴趣，提升学生的思维水平。

架设支点　撬动思维

北京市第十八中学　张丽丽

学习共同体课堂提供了一条非常好的实施路径，它为学生创造了一个开放、和谐的学习社群，在这个社群里，学生面对问题一起探究，相互支持、相互倾听、相互启发，在轻松润泽的共同体文化中去思考、去学习。

问题是引发思考的动力，是激发学习的催化剂。共同体课堂问题主要包括两部分：一是基础性问题，要求全体学生掌握；二是挑战性问题，具有深度探究空间和较高的探究价值。从认知的过程（如下图所示）来看，基础性问题多反映的是识记、理解、应用等基本要求；而挑战性问题更多则表现出分析、评价、创造等高阶思维。佐藤学教授指出，挑战性问题体现了卓越性哲学，不仅高学力学生受益多，低学力学生也能从中获得极大益处。

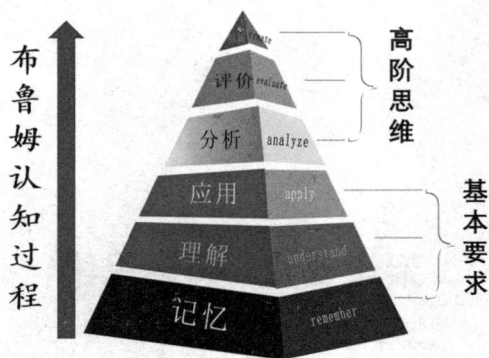

提出问题往往比解决问题更重要。那么如何设计挑战性问题呢？下面先来看两个案例。案例 1：农业的区位因素及变化，课标要求是"结合实例，说明农业的区位因素"。区位因素是人文地理的核心概念之一，区位因素及其变化必须基于区域背景和真实的情境。为了贴近生活、拉近距离，老师带着学生走出教室，走进了位于北京市海淀区上庄镇的京西稻田。

案例1.农业的区位因素及变化——"稻花香里说丰年"

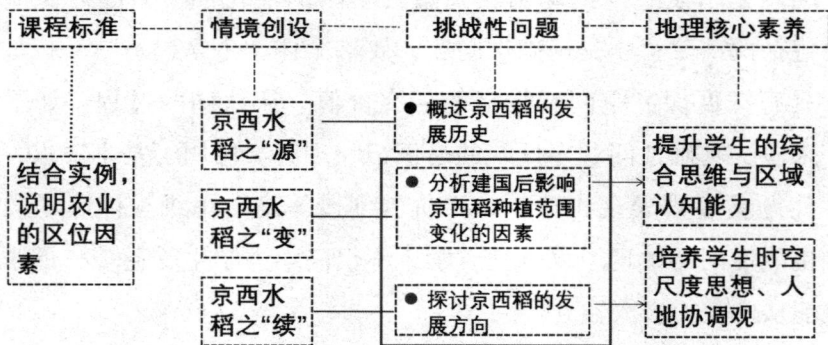

老师从"调研京西稻的种植历史和现状保护——分析京西稻的变化——探讨京西稻的发展方向"这一贯穿教学全过程情境引导学生去思考（见上图所示），其中"分析新中国成立后京西稻种植范围变化的因素"与"探讨京西稻发展方向"是本课的挑战性问题，学生在解决这些

问题的过程中，提升了综合思维能力、区域认知能力，培养了人地协调观和时空尺度思想。

案例2：地球运动的地理意义，课标要求"结合实例，说明地球运动的地理意义"。"地球运动的地理意义"一向被学生认为是难度的天花板，尤其是昼夜长短的变化规律和正午太阳高度的变化规律及原因。如何突破这一难点，笔者选用中国传统文化二十四节气作为情境素材。

通过播放2022年北京冬奥会开幕式以二十四节气为主题的倒计时表演视频，让学生在二十四节气的流转中，感受岁时节令之美、体育人文之美，油然而生的家国情怀和文化自信激发了学生的学习兴趣，依托这个情境提出问题：二十四节气分别是什么？如何划分二十四节气？这些是基础性问题。

"二十四节气是先人在漫长的岁月积淀下传承下来的智慧结晶，那么古代人又是如何确定二十四节气的呢？"在接下来的交流讨论、思维碰撞中，师生共同生成如下关联性强、层层递进、环环相扣的挑战性问题。

1. 分析一天之中日影的变化规律及原因。

2. 分析一年之中日影的变化规律及原因。

3. 探讨二十四节气对现代生活的影响。

通过以上案例，挑战性问题设计的基本策略（见下图所示）：

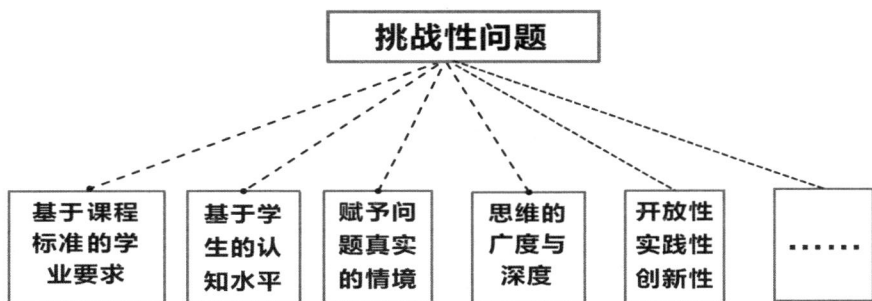

第一，基于课程标准的学业要求。

课标是国家教育质量在特定阶段后应达到的指标，它凝练了学科核心素养，是教材编写、教学评估以及考试命题的依据，所以挑战性问题的设计一定要依据课标，着力点放在重、难点的突破和核心素养的落实上。

第二，基于学生的认知水平。

设计的问题要在学生"既知"和"未知"水平之间，也就是在学生的最近发展区（如下图所示）去开展有效的探究活动，这样的问题才能挑战学生原有的认知观点和认知结构，激发学生去创造性地解决问题。

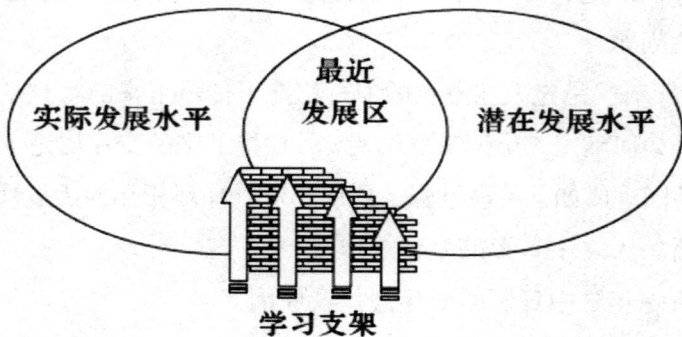

第三，赋予问题真实的情境。

情境是联系学科世界和现实世界的桥梁。情境只有来自现实生产和生活，并与学生已有的认知和经验相关联，创设的问题才具有现实意义，才能激发学生的兴趣，这样的课堂才是鲜活、富有生命力的。

第四，具有思维的广度和深度。

学习始于问题，若设计的问题仅停留在对知识的识记、理解等浅表层面，就无法激发学生进行深入思考，还会造成学生的能力水平下降、思维模式僵化。因此，要设计具有思维的广度和深度的挑战性问题。

第五，具有开放性、实践性、创新性。

基于真实情境的挑战性问题，在解决的策略和方案中，更具有开放性、实践性、创新性，有时候需要融合不同学科知识、实践技能才能够解决。

学习不是一个被告知的过程，而是一个体验的过程，是解决问题，获得感悟的过程，更是一个架设支点、撬动思维的探究过程。当学生面对一些挑战性问题的时候，便会链接已有的知识储备，激活关键能力，调动价值观念，构建解决路径从而输出解决的模型、结论和结果。与此同时，学生知识重新建构，能力得到拓展，素养得以提升（如下图所示）。

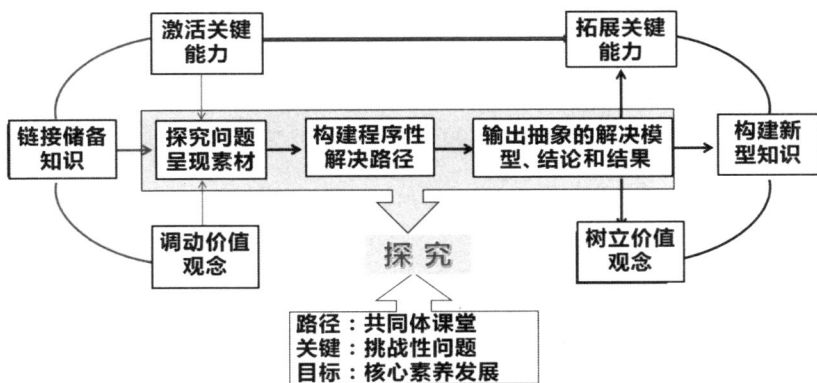

以上是在地理教学中挑战性问题设计的实践和思考。在共同体课堂开放、包容、互助、合作的氛围中，各学科都可以设计合适的挑战性问题，学生在解决问题的过程中，培养了高阶思维，发生了认知迁移，实现了深度学习，让学习真实发生！

第三章

如何建立伙伴关系

构建民主、平等、互学的伙伴关系

北京市第十八中学左安门分校　张　涛

学习共同体的学校改革和课堂建设符合教育规律，有助于教育质量的提高和教育公平的实现。构建民主、平等、互学的伙伴关系是学习共同体改革落实在课堂上的前提和准备条件。此外，构建良好的伙伴关系要基于学习共同体的哲学逻辑和协同学习的要求。

一、学习共同体的哲学逻辑

佐藤学教授在《学校改革：学习共同体的构想与实践》一书中指出，学校的公共使命与责任是"不放弃任何一名学生，保障每一名学生的学习权，提升学生的学习品质"。

学习共同体课堂建设是实现学习共同体改革的重要手段。学习共同体的课堂应该是开放的课堂，是教师与学生、学生与学生之间共同学习、交流和生活的场所，更是每个学生塑造个人品质，个人能力充分提高和发展的场所。

学习共同体课堂的改革是通过教室中的协同学习、办公室中的同僚共同体、家校社协同的共同体活动体系构成。其中，发生在教室里的协同学习的进行需要建立起科学、有效的伙伴关系。

二、协同学习伙伴关系的构建策略

学习共同体的学习是协同学习，但协同学习并非合作学习，而是基于文化性的实践，是构建意义与关系的社会性实践。协同学习过程中，学生是相互学习和监督的关系，彼此之间通过相互倾听进行学习。协同学习伙伴关系的建立也应当遵循协同学习的原则。

（一）自愿结组，兼顾公正

学习共同体理论强调学习的民主性特点。在同伴关系的构建过程中，民主是不可忽视的原则。学习共同体小组应当不忽视、不放弃任何一名同学，要保障每一名同学都得到公正的关注，这种关注和尊重不受其学习能力的影响。

为了实现学习共同体内部的民主和公正，在编制共同体小组也就是构建学习伙伴关系的过程中可采取自愿结组的原则。在实际操作中，学生们会根据自身的好恶和利益最大化的原则建立伙伴关系。最终的极端结果是学力优秀的学生成为一组，学力低下或者性格内向的孩子结成一组，甚至出现有学生没有寻找到小组的情况。因此，在自愿的原则下，需要给学生提出要求：

1.班级内不能出现没有小组的同学，不能违背任何一名同学的意愿。在学生自愿分组的过程中，会有一部分同学找不到合适的小组，如果他们被强行分组，这是不公平的，也不符合民主的精神。学习共同体小组伙伴关系的建立应当是全体学生协商的结果，每个同学的权利和意愿都应当被尊重。

2. 对"弱者"的补偿也是一种公正。每个班级的学生都是有差别的，他们的心理特点、生理特点、认知方式、知识储备等都有所不同，甚至还会有一些特殊的学生。因此，学生们在构建共同体小组的过程中需要考虑到这些因素。如果他们能够优先考虑到对"弱者"的尊重和补偿，那么这将有利于共同体小组伙伴关系的构建。

3. 在结组的过程中需要有人要顾全大局，为集体的利益作出牺牲。学生们经过多轮的分组和商讨，最终会结成科学合理的学习共同体小组，进而形成民主、平等的伙伴关系，为伙伴之间的互学奠定基础。

（二）异质分组，确保效率

学习共同体的学习是通过相互倾听和互学来提高学习的效率。自愿结组构建的伙伴关系，充分考虑到了学生的个性和特点，学生接受程度很高。但作为未成年的学生们，对自身和伙伴的认知可能会存在偏差和不足，导致在学习活动开展的过程中可能会出现学力不足的情况。因此，在分组的过程中，教师可以根据学生以往的学业表现情况，为学生分组提供建议。如将班级学生分成不同层次，每个小组内需要有四个层次水平的学生，或者相邻两个层次的学生可以实现互换。在这种前提下，学生们可以自由结组。这种自愿的异质分组的做法，既能保证小组的学力水平，又能兼顾到学生们的意愿。

不同学力水平的学生在学习过程中能够更好地为倾听和互学提供保障，学力高的学生能够在为学力低的学生提供帮助时加深其对学习任务本身的理解，学力低的学生通过倾听和协同学习提高自身的学习效果。因此，异质分组能够确保学习的效率，综合提升学习共同体小组的整体学习效果。

（三）轮流主导，各展所长

学习共同体的协同学习是民主的学习，是相互学习的过程。在完成基础性问题时，可能会出现高学力水平学生长期主导学习的进程，使得低学力水平学生被忽略或者被剥夺思维的主动权的情况。为避免这种情况的出现，在协同学习的开展过程中，可以让小组成员轮流主导学习活动的开展和讨论，不同学生以变序轮流发言。当学力低的水平优先发言时，他们的思维将得到尊重，而高学力水平学生可以给予低学力水平以指导和补充，进而保证学习的高效进行。这样的做法，可以调动和提高每个小组成员的积极性，做到了在学习任务面前人人平等，是真正民主学习的体现。

除了在学习任务的主导上，在班级日常生活中的各项任务也可由小组各成员轮流主导，如收作业、协调任务分配、维持课堂纪律等，这样小组成员在小组内更有存在感，更容易被成员需要。学习共同体的小组伙伴关系不仅仅是知识交流的过程，也是互爱互助、沟通感情的过程。

（四）可拆可合，因学制宜

学习共同体的学习是追求卓越的学习，在学习共同体中，不是每个学生都达到相同的学习结果，而是让每个学生在自己的基础上实现最高效的学习。因此，在学习共同体的课堂中，小组内进行倾听和互学必不可少，但组间的交流和合作也尤为重要。在学习共同体内小组的分布上，既要兼顾异质分组，同时也可以实现同质分组。尤其是在高水平挑战问题的完成过程中，既可以组内协同学习，也可以为邻近小组同质水平的学生迅速结成小组，实现更大范围、更高效的学习和探讨。

学习共同体小组不是完全固定的，可以根据不同学科、不同任务要求实现学习共同体小组内成员的流动。在不断地流动与调整过程中，小组内部、小组之间的学习习惯和相处方式将被稳定下来，学习共同体之间的伙伴关系也将更加科学、民主。基于情感共生的、任务驱动的伙伴们不断交叉、重组，最终形成良性循环，更有利学习共同体效率的提高。

总之，基于学习共同体民主的、卓越的、公共性的哲学诉求，学习共同体小组伙伴关系的构建，应当从学生的实际需求出发，结合具体实践，因学制宜，采取多样的组建策略。

我这样构建伙伴互学的关系

北京市丰台区草桥小学　李银凤

一、改变教室桌椅排列方式

　　长久以来，我们教室的桌椅都是面对着黑板和讲台一排排摆放的，这样摆放的优点是可以使每个孩子都有自己相对独立的学习空间，互不干扰，也能在一定程度上保证课堂学习的纪律。但这种排列方式给孩子间的互动交流带来不便，要么需要转身，要么需要离开座位才能凑到一起交流。而且，孩子们更多时候看到的是老师、黑板和前面同学的背影，让人感觉教师才是课堂的主角。

　　学习共同体则是将学生分成小组（低年级男女生混合两人一组并排挨着坐，中高年级则是在低年级男女生混合两人一组并排挨着坐的基础上，4人一组围着坐，如果班级人数比4的倍数多1，则将其中9人分成3个3人组，如果班级人数比4的倍数多2，则将其中6人分成2个3人组），每个组就是一个小学习共同体，几个小学习共同体通过U字形联结成全班的大学习共同体。分组时，我采取随机抽签的方式，男生用蓝色签，女生用粉色签，每种色签都有2个相同的号码。一般我们会在学期初和学期中安排抽签分组排座位，这样既可以使学习共同体中的伙伴关系稳定，也可以使孩子有与不同的同伴互学互助的机会。

二、通过谈话使学生明确如何与同伴互助互学

按照 U 形座位分好组之后，就要建立互学互助的同伴关系了。我通常这样引导："现在你们身边都有了学习伙伴，就像每个人都长了一对翅膀，借助同伴的力量，你们就可以飞得更高！所以，我们要和伙伴一起互相学习，互相帮助，共同进步。孔子说过，"三人行，必有我师焉，择其善者而从之，其不善者而改之"。如果你发现同伴哪里做得好，要向他学习，努力和他一样好；如果发现同伴哪里做得不好，首先想想自己是不是也有同样的问题，若有就下决心改掉，若没有则告诉自己不能那样做；假如你能够巧妙地帮助伙伴改掉缺点，老师和同学肯定都会为你竖起大拇指！当你遇到困难时，你肯定特别希望有个人能帮帮你吧？这个人就在你的左右，你要记得向他们求助啊！同样地，当同伴向你求助时，也希望你能伸出援助之手。当你和同伴见解不同或有了矛盾时怎么办呢？一定要先跟伙伴平心静气地好好沟通，摆道理，讲依据，以理服人，实在讲不通，还可以向老师寻求帮助哦！"这样的引导可以帮助孩子们明确同伴存在的意义以及如何与同伴相处。

三、通过挑战性课题构建互助互学的同伴关系

要想构建起互助互学的同伴关系，就要设计好基于学科本质的挑战性课题，这是互助互学的前提。开放、综合的挑战性课题能激发起孩子的探究欲望，促使生生进行探究协同，如三年级一节数学课的挑战性

课题是：三年级 4 个班进行足球比赛，每 2 个班踢一场，一共要踢多少场？虽然这个挑战性课题的答案是唯一的，但是解决问题的方法是多样的，且需要进行有序思考。因此在协同学习时，学生就会关注同伴的思考过程和解决方法，尤其是与自己不同的方法，不理解的要提问，被提问的要耐心解答，你问我答的来往之中就慢慢建立起了互助互学的同伴关系。

四、通过复现、积极评价构建起互助互学的同伴关系

学生进行协同学习时，教师要格外留心观察孩子们的学习是如何开始的——是从不懂的学生的提问开始的，还是从某个学生的分享开始的……如何展开的——是通过质疑展开的，还是通过补充展开的……在刚开始建立同伴关系阶段，可以选一组好的给大家复现刚才他们的协同学习过程，教师尤其要把他们做得好的地方（如认真倾听引发了自己的思考、大胆质疑帮助同伴厘清了思路……）进行强调、肯定，帮助孩子们充分理解协同学习的样态。

总之，安全课堂环境的创设不是一蹴而就的，需要教师长久地坚持，真诚地尊重、接纳所有孩子的想法，并引导孩子之间互相尊重、互相学习、互相帮助。安全的课堂环境不仅可以让孩子受益良多，教师身处其中，也会感到舒适快乐。

建立伙伴关系要重视同伴的认同

北京市丰台区草桥小学　张艳华

学习共同体的本质是协同学习，而协同学习的前提是伙伴关系的建立，只有良好的伙伴关系，才能进行有效的共同学习。

每个班都会有学优生和学困生，往往有同学不愿意与学困生同桌。所以，建立学习共同体首要的是要同伴能够互相认同，这样才能够协同学习，互相帮助。

我经常采用以下几个方面来帮助同伴互相认同。

新课结束畅谈收获时，除了对于本课的知识、方法、技能方面的收获，有意引导学生谈一谈"本节课从同伴身上学到了什么？"这样大大增进了同伴之间的信任，同时也教会了其他小组同伴如何互助协同学习。

借用日记进行同伴认同。每周或每月让学生写一写《我眼中的同伴》或是《我想对你说》等，然后在小组内进行分享。这样不仅解决同伴之间的问题，还能增进他们的感情，使得彼此能够认同。

定格、回放。课堂上老师走进小组倾听孩子们的协同学习过程，一旦伙伴关系形成，使得学习发生时，教师要大力表扬，并把他们组学习是怎么发生的过程讲给全班听。然后告诉学生，像这样的环节就叫作合作。这个小组得到表扬的同时，其他的组也学习了一些方法。

学习共同体中伙伴关系的建立实践

北京市丰台区草桥小学　海　阔

学习共同体指学习个体在相互认同的基础上，通过相互配合、相互帮助、相互依存而进行共同学习，集体建构达到共同发展。学习是同客观世界的对话，学习是同伙伴的对话，学习是同自己的对话。

伙伴关系的建立是协同学习的基础。在实践共同体的三年时间里，我是这样做的。

一、建立互相悦纳的伙伴关系

1. 发现伙伴的优点。

建立学习小组之初，学生之间也会发生一些小的摩擦和不愉快。于是我利用观察日记来引导孩子发现伙伴身上的闪光点，感受到伙伴对自己的帮助。4人小组中每天确定一个观察对象，其他3个孩子这一天都要以这个学生为中心，观察发现他身上的闪光点，写出他对自己的帮助。第二天我会给孩子们一点时间交流观察日记，如此下去，学生每天都会用心去欣赏别人，感受别人的关爱，一段时间以后，小组伙伴间的关系融洽多了，学生之间的矛盾也渐渐减少了。

2. 语言上的鼓励。

作为老师我们要引导孩子们悦纳自己的伙伴，悦纳别人会让同学安心，会使班级更加安定。当伙伴取得进步时，大胆地为他竖起大拇指，发自内心地说一声："你真棒！"当别人对你的观点进行补充时，真诚地说一声："谢谢你的补充！"认真倾听伙伴的发现，积极主动地与伙伴进行互动，如"我发现""我建议""我补充""我有一个提议，你可以试试看""我推荐×××"，从学生的言语中感受到他们对同伴的支持和接纳。

3. 行动上的支持。

（1）听到同学有很棒的发言时能够主动鼓掌。

（2）听到同学很棒的习作时能够发自内心地称赞别人。

（3）能够主动把发言机会让给自己的伙伴。

（4）完成自己任务的同时能够静静地关注伙伴，在他需要帮助时及时给予帮助。

4. 求助时的解答。

（1）鼓励学生大胆求助（不懂的问题是激活课堂的原动力）。

（2）告诉学生一定要帮助你的伙伴（因为他信任你，给了你复习的机会）。

我们班上的孩子都有一种共同的认识："我不是一个人在学习！遇到困难找伙伴"的观点深入人心。

二、一个都不能放弃

在我班上有一个小明同学，他的智力测试属于边缘，现在的三年级知识对于他来说犹如天书一般，以往的课堂上，其他老师总是把他放到班级的角落里，只要他不影响其他同学就好。三年级我接手这个班时正赶上进行学习共同体的改革，对于这个同学怎么办呢？起初我让他和其他同学一样抽签决定伙伴，一段时间下来发现他们的关系并不好。于是我又让小明自己选择伙伴，起初效果非常好，但是时间一长他又开始影响这个同学。一个偶然的机会，班里有两个同学没有来，我就请小芳同学和小明同学坐到一起，小芳同学很有耐心，一点一点地教小明同学，那天的知识他学得很好，而且没有捣乱，于是我表扬了小芳同学。后来，其他同学也都表示愿意和小明同学同桌，帮助他，就这样小明每天都会得到不同同学的帮助，大家和小明坐同桌时会定一个小小的目标，"今天要教会小明什么"。在共同体的班级里，每个同学都没有被放弃。

三、为共同愿景努力

小景是我们班一个中度抑郁的孩子，对英语学科有着抵触情绪，学习英语会让他焦虑不已，他从心底里惧怕英语，英语考试从来没有及格过。自进行学习共同体实践以来，孩子们对班级有着共同的愿景，希望我们班能够成为优秀的班集体，班级英语能够达标，所以他们小组的3个同学开始共同帮助小景，有的同学负责讲授记单词的方法，有的同学负责出题，有的同学负责判阅。一个星期以后，英语百词考试如期进行，考完以后，孩子们最关心的不是自己的成绩，而是被帮助对象小景的成绩，当他们听说小景考了70多分时，每个人都高兴不已，比自己得了100分还要高兴。后来小景的妈妈跟我说，孩子回去之后告诉她："妈妈，有了伙伴的帮助，我觉得英语好像没有那么难了。"是伙伴的帮助让一个原本惧怕英语的孩子产生了学习英语的兴趣和些许自信！

一年级协同学习与同伴关系的双向塑造

北京市丰台区丰台第五小学　连　超

一年级的孩子，如同一张白纸，充满了无限的可能与可塑性。此时，正是培养他们良好行为习惯的黄金时期，也是建立和谐同伴关系、锻炼协同学习能力的最佳时机。

一、播种友谊，构建良性同伴关系

交流是孩子们建立友谊、培养同伴关系的基石。我们从孩子踏入校园的第一天起，就注重培养他们的同伴交流能力。课上，老师每一次给的交流主题，都要求孩子们要和同伴围绕这个话题将自己的想法勇敢地说出来。但是有很多刚上学的孩子因对陌生环境的抵触，不敢表达、不愿意大声说出自己的想法。这时急需一种既温润又有效的协同学习方式来帮助他们战胜自己：看，他们将小脑袋凑在一起，用伙伴能听到的音量悄悄说出自己的想法，即使不完整、不正确，但都不会被笑话，互相启发、思维上搭台，同伴互助的快乐洋溢在每个人的脸上。一段时间后，同伴交流发生了质的变化，接到挑战任务，先独立思考，后主动归到同伴协同小组中，两个人说不明白，就向其他小组寻求新的思考方

› 076

法。这不就是学习共同体的根本吗？让学生在学习交流中有思考，受启发，激发解决未知问题的能力。课堂后，练习中，一对对学习的小伙伴会根据自己不会的题主动寻求帮助。随着时间的推移，孩子们在互动中找到了归属感，树立了自信，得到了同伴的认同，也学会了倾听与表达。

我们欣喜地看到，孩子们之间的交流不再局限于小范围的讨论，而是形成了广泛的合作与分享。他们主动扩大讨论范围，积极寻求更多的同伴参与，这种变化不仅促进了友谊的深化，也为他们的学习带来了更多的启发与收获。

二、协同并进，培养学习能力

在构建了良性同伴关系的基础上，我们进一步引导孩子们进行协同学习。鼓励孩子们在同伴交流后，勇敢地站起来发表自己的观点。为了减轻孩子们的紧张感，我们教他们采取手拉手的方式公开发表观点，这种方式不仅让敢于发言的孩子更加自信，也让原本胆怯的孩子变得勇敢起来。

一次次等待、一次次鼓励，孩子们在公开发表观点方面取得了显著进步。他们不再只是被动地坐着抢答问题，而是能够大方地站起来与同伴一起发表观点。这种变化不仅营造了浓厚的学习氛围，更让孩子们在协同学习中找到了乐趣与成就感。他们开始更加深入地思考问题、敢于发表自己的见解，并在与同伴的讨论中寻求最佳解决方案。这种协同学习的能力不仅提高了孩子们的学习效率，更培养了他们的团队合作精神和创新能力。

三、家校联动，深化协同学习

为了深化协同学习的理念，使其不仅局限于校园之内，我们精心策划了"小小讲师修炼营"系列小活动。这一活动旨在搭建家校之间的桥梁，让孩子们有机会在家中也能延续学习的热情，同时增强与家长的互动。

在"小小讲师修炼营"活动中，小老师会根据当天学习内容，自行选择为家长讲解有意思的题目。小讲师们会先回顾题目的背景和解题过程，然后用简单易懂的语言向家长解释每个步骤的思路和关键点。在家长的提问和引导下，小讲师们不仅巩固了自己的知识，还学会了如何更好地表达自己的想法和解答疑惑。

总之，培养良性同伴关系与协同学习能力是一年级学生重要的成长培养目标。我们需要从孩子入学的第一天起就有目的地培养他们的同伴交流能力和公开发表观点的能力，并有层次的推进。同时，我们也需要将协同学习的理念延伸到家庭和社会中，让孩子们在更广阔的舞台上展示自己的才华和能力。只有这样，我们才能培养出更多具有团队合作精神和创新能力的人才，为社会的繁荣与发展注入源源不断的活力。

体育课堂建立伙伴关系的探索

北京市丰台区第八中学　王东舟

伙伴关系是一种基于信任、相互尊重和理解的人际关系，它涉及情感支持、帮助决策以及生活经验的分享。学习共同体作为一种先进的教学理念，强调学生之间的合作、共享知识、相互支持与共同进步。针对体育课堂中学习共同体伙伴关系的建立我进行了以下初探。

一、建立信任氛围与契约标准

（一）建立信任氛围

依据班级学情、学生体育特长及性格特点进行学习共同体小组构建。在体育课堂上，教师起着催化作用，通过引导学生讨论和共同设定学习愿景，将体育活动的内涵从单纯的身体锻炼扩展到品格教育和团队精神的培育。例如，确立"团结协作，挑战自我，相互尊重"的体育精神，为课堂定下了积极向上的基调，帮助学生树立共同的目标，并短期追踪调查，随时调整小组成员，使小组成员间更加信任。

根据室内课组织班级学习共同体小组建设讨论，如你认为理想的伙伴关系是怎样的等，鼓励学生分享个人对伙伴关系的期望和梦想，通过集思广益，提炼出班级共同认可的伙伴关系。这不仅能增强学生之间的共鸣，还能促进课堂文化的建设。

（二）建立契约标准

契约原则：小组契约是确保学习小组内部秩序、明确成员权利与责任的有效工具，它有助于建立一个透明、有序的学习环境。通过共同制定契约，学生在遵守规则的同时，也在学习如何在团队中承担责任，增强归属感。

实施细节：每个小组在教师指导下，讨论并制定具体的契约文档，内容应包括但不限于小组成员的行为准则（如尊重、诚信等）、沟通方式（如积极倾听、有效表达等）、任务分配原则等。完成后契约需经全体成员签字确认，作为小组内部行为的共同遵循标准。

二、促进深度合作与知识共享

（一）实施混合编组

策略意义：混合编组策略旨在打破固有的社交壁垒，通过将不同体能水平、技能特长、性格类型的学生组合在一起，促进多样性和包容性。这样的编组方式鼓励学生跳出舒适区，学习与不同的人如何合作，从而拓宽视野，增进相互理解。

操作流程：教师在分组前应充分考虑学生的个体差异，利用问卷调查、前期观察等方式收集信息，然后精心搭配小组成员。确保每个小组在体能、技能、性格上形成互补，为深度合作打下基础。

（二）精心设计学习任务，促进伙伴间的深度合作

任务原则：合作学习任务的设计应聚焦于团队合作，选择那些单靠个人难以完成，但通过团队协作可以克服的挑战，如接力赛、团队对抗游戏等。这些活动要求学生不仅要分享个人技巧，还要学会策略协作，共同解决问题。

实施要点：在活动前，明确团队目标，引导学生讨论策略；活动中，教师应观察指导，适时介入调整，确保活动顺利进行；活动后，组织反馈会议，鼓励学生分享学习心得，分析合作中的成功与不足，促进知识与经验的集体反思和共享。

三、培养持续沟通与反馈技巧

（一）定期召开小组反思会

核心价值：定期反思会是沟通与反馈的关键环节，它为学生提供了正式的交流平台，鼓励开放性对话。通过集体回顾练习过程，学生能够分享个人体验，无论是成功还是挑战，都能成为团队共同学习的宝贵资源。这种机制有助于建立一种信任和透明的环境，让成员感受到自己的声音被听见，意见被重视。

实施细节：每周或每次课后固定时间组织反思会，确保所有小组成员参与。会议中，可以采用轮流发言的方式，确保每个人都有机会表达。可以设立一个反馈模板，比如"我做得好的地方是……需要改进的地方是……我希望团队／我能……"，以结构化的方式引导学生自我反思与相互反馈。

（二）使用积极反馈技巧

重要性：积极反馈能够显著提升团队氛围，增强成员的自信心和动力。通过教授学生如何用建设性的语言提出意见，而不是简单批评，可以促进团队内部的正面互动，帮助学生学会欣赏他人的努力和进步，而不仅仅是成就。

实施方法：在课堂上引入积极反馈的理论讲解，如"汉堡包法"（表扬—改进—再表扬）等技巧。通过角色扮演、模拟场景练习，让学生实践如何给出具体、真诚的正面反馈。教师应作为榜样，示范如何在日常教学中运用这些技巧，鼓励学生模仿并内化为习惯。

四、鼓励自主学习与培养角色转换

（一）设立小组目标与个人目标

设定目的：目标设定是自主学习的起点，它激发学生的内在动力，使学习有了方向。小组与个人目标的结合，既能增强团队凝聚力，又能满足学生的个性化发展需求。

操作步骤：在教师指导下，小组讨论并设定团队短期（如本周内提升某项技能）与长期目标（学期末完成某个项目）。同时，鼓励学生根据自身情况设定个人目标，如提高耐力、学习新技能等，并定期检查进展，自我评估与调整。

（二）在小组中轮换不同角色

实施意义：借助学校对学生领导力的培训观点，让学生在角色轮换中培养领导能力是学生全面发展的重要方式。通过角色的轮换，每个学生都有机会体验不同岗位，理解每个岗位的职责和体验决策、组织、协调的过程，这不仅增强了个人的组织管理技能，也增强了团队的合作力和默契度。

实施策略：每学期或每项重大活动前，小组学生通过民主选举或轮流的方式确定小组中成员的角色，同时为每个成员安排特定的职责，如记录员、时间管理员、鼓励官等。教师提供必要的能力培训，如团队管理、冲突解决技巧等，确保每位学生在担任角色期间能够胜任并有所成长。定期回顾小组成员的表现，帮助每位学生从实践中得到提升。

体育学科的学习共同体课堂通过伙伴关系的有效构建，加强了师生、同学间的沟通与交流，使学生在伙伴的帮助配合下，更好地参与课堂学习，掌握动作技能，促进了学生主动进行体育锻炼，为养成良好的习惯打好基础。

让体育课在小组协同学习中绽放精彩

北京市丰台区丰台第五小学　郭志远

英国大文豪萧伯纳说:"倘若你有一个苹果,我也有一个苹果,而我们彼此交换这些苹果,那么,你和我仍然是各有一个苹果。但是,倘若你有一种思想,我也有一种思想,而我们彼此交流这些思想,那么,我们每个人将各有两种思想。"在教育教学过程中,学生之间的交流合作是必要的。有效的合作交流是学习质量的保证,是教学焕发活力的"助推器",是学生大步前行的"强化剂"。在体育课上如何来实施小组合作学习呢?

一、精心设计,鼓励合作

体育课堂设计得好坏直接关系着课堂教学中的合作学习,没有高质量的合作学习也就没有高质量的课堂教学。紧紧围绕体育新课标这一指挥棒,精心设计好每一堂体育课,是每位体育教师的任务。因此,我尽可能精心设计好体育课的每一个环节。

1.巧妙设计语言,唤醒合作意识。语言是人类表达事物的重要工具。教学语言的艺术性,更是教师教学水平的重要体现。体育课本身不如语文课那样生动，有时需要教师运用机智的语言，调动学生的合作积极性。

我在上一节评比课时，课上到一半，正好有两只学飞的鸟落在学生们的身边，场面一下子炸开了，还好我早就尝到了语言艺术的甜头，不慌不忙地说："同学们，鸟是人类的朋友，我们能不能去抓它们呀？""不能！"大家异口同声。"谁来告诉大家它们是来干什么的呀？""它们是来学飞的！"其中一位"皮大王"得意地说。接着我话锋一转："小鸟们都会合作学本领，我们呢？"这个"不幸"非但没有影响我，反而得到了评委的赞赏，课也如愿地获得了一等奖。

2. 精心设计游戏，激发合作兴趣。游戏是体育活动的手段之一，也是体育教学的重要内容。它内容丰富多彩，形式多样，简单易学，趣味性、竞争性强，非常适合小学生心理和生理特点，深受学生的喜爱。实践证明，游戏的恰当运用，在培养学生合作学习兴趣、活跃课堂气氛等方面，均有积极作用。

我将两人一组的"追逐跑"，改编为两人一组"揪尾巴"游戏，甲把短绳系在腰间，身后留一个"小尾巴"。游戏开始，乙快速移动揪甲的尾巴，甲则灵活躲闪，甲的"尾巴"被揪住后，两人互换，游戏继续进行。改编后的游戏新颖、生动活泼，不仅增强了趣味性，还有效锻炼了学生的灵敏性、协调性。

二、合理组织，有序合作

"没有规矩，不成方圆。"游戏有游戏的规则，合作有合作的纪律，这些都是发挥"小组合作学习"的重要前提。如果组员们趁着活动嬉戏打闹、大聊闲话，那么就和真正的"小组合作学习"背道而驰了。方法得当，找到窍门，往往会事半功倍。

1. 充分利用队形，进行有序合作。体育课上的队形要规范、站位要合理，这样便于学生观察和观察学生，提高教学效率。例如：在篮球的传接球教学中，可以利用方形队形，以便从不同的角度进行示范讲解，让学生更明白更直观。又如，迎面接力等项目中采用四路纵队，可使学生很好地观察到前方的活动情景与动态，大大提高了合作效率，保证课的严密紧凑，有条不紊，最大限度地利用好每一分钟。

2. 合理布置器材，进行有序合作。充分利用场地器材不仅可以保证体育课上的练习密度和运动负荷，而且可以充分调动学生合作的积极性。因此，教师在上课时应根据教学内容和自身学校的场地器材，设计得美观科学，井然有序，布局合理。这样既便于组织教学，又有利于学生的合作。在上"跳跃"课时，我把学生分成9组，每组5—6个人。每组发5个小垫子，利用这些垫子做障碍物进行跳跃运动。学生们有的横着放，有的竖着放，还有的平着放……充分利用器材，让学生有序、自主地合作，收到了良好的效果。

三、积极评价，精彩合作

赞扬的作用是巨大的，有时会产生意想不到的收获。学生在小组内进行讨论、练习、发言等活动时，对做得好的学生应当给予表扬；对做得不好的、做得不对的，老师也不应批评，同伴更不可取笑。"人人参与，言者无错"，特别是对于一些学困生，教师更要给予积极的评价，让他们在老师、同伴的鼓励、帮助下，找回自信，最终获得成功的体验。

在教学"跑"时，当小组接力赛结束后，有两个小组的成绩比较接近，分别获得一、二名。另外，几个小组的学生因为没有取得好成绩，情绪不高。这时，老师对学生们说："同学们，你们都是第一啊。能力强的组先跑完，你们是成绩第一；能力稍差一点的组，你们慢了一点，但你们全小组齐心协力，共同完成比赛，你们是团结协作第一；能力差的组，虽然你们跑得最慢，但是你们小组都在尽自己的最大努力去跑，最后圆满地完成了比赛，你们是坚强毅力第一。"学生们似乎明白了老师的评价，每个人的脸上都洋溢着快乐的微笑。

　　体育老师应该把"合作"的精神潜移默化地渗透到每一个学生身上，让小组合作学习成为体育课的一道亮丽的风景线，让体育课在小组合作学习中绽放出无限的精彩！

巧用"三位"　构建良好伙伴关系

北京市丰台区第八中学　余冬松

学习共同体刚开展时我是抱着怀疑的态度，不过随着时间的推移，研究的深入，我愈发感受到学习共同体的益处，并从诸多细节入手实施，促进学生的学习真实发生。下面我从三点简单谈谈心得。

一、科学排布座位，活化伙伴探究

学习共同体刚开始时，作为班主任的我不太明白共同体学习座位如何排布，经过一段时间的摸索和实践后，有了全新的认识。四人一组中男女生交叉而坐，即男生与男生成对角线、女生与女生成对角线而坐。如此排布座位，方便男女生互动讨论，讨论时男女生无论向前看还是往旁边看，都能看到不同性别的同学，利于男女生随时沟通交流，活化探究性学习。同时，排布座位并不是简单的男女生混编，还要综合考虑性别、性格和学力等因素。

1.性别。

四人组两男两女交叉而坐，便于不同性别的学生平等交流，而且男女生思维方式存在差异，混合性别，有利于碰撞出更加多样的思维火花。

2. 性格。

学生之间的性格有差异，排布座位时要考虑把内向不爱言辞和开朗爱言语的学生组合在一起。不同性格的学生组成一组，有利于优势互补，活化交流。

3. 学力。

学生间的学力有高低，在学力低的同学主动寻求帮助或提出疑问时，学力高的同学在向学力低的同学讲解学习中的难点时，都有助于自己思维的提升，实现互促提升。因此，排布座位一定要合理分布学力高和学力低的学生。四人组中学力高和学力低的学生搭配，有助于共同提升。

合理地排布座位可以发挥不同学生的优势，在交流中或积累基础知识，或提升思维层次，或锻炼综合素养。同时，科学的座位排布不仅让学生增长知识和能力，更是增进学生感情，促进学习共同体开展的"良药"。座位排布看似小事，实则关系到学习共同体的技术性问题，做得到位，对学习共同体的开展大有裨益。

二、精准课堂走位，激发伙伴碰撞

最初我没有意识到教师走位的重要性，学生在共同体学习讨论时，我主要站在讲台前，扫视全班，认为各组只要讨论起来就可以了。殊不知有的组在讨论时话题跑远，甚至说起玩笑来，课堂的学习效果大打折扣。直到有一天我观察到有的同学哈哈大笑，同组其他同学也是满面笑容，才感觉到问题。于是走下去，走到这个组旁边，这个组的同学面色立刻变得严肃起来。我开始思考我站位的不妥，向学校其他老师请教后才明白问题所在。

于是我开始走下去，走进学生中间。在明确活动任务，学生刚开始讨论时，我巡视各个组，关注每个组里学力较弱的学生，观察其是否准确理解任务，并顺利进入学习活动。如果没能理解学习任务，我会提醒他询问同伴；如果他理解学习任务却无法进入学习活动，我一般根据实际情况，引导并鼓励他向同伴请教，通过与同伴间的互帮互助，逐步进入学习活动。当讨论一段时间后，我扫视全班，发现交流出现分歧或有障碍的小组，走进其中，询问原因，抛出问题，引领学生在串联、碰撞中深入探究。当小组讨论进入尾声时，我会再次巡视各组，寻找典型性的答案在全班发表交流，通过多媒体设备实现思维可视，帮助学生串联伙伴们的智慧成果，再次与自己对话。

学习共同体开展时，教师走到每个组，走近学生身边，更利于发现学习有困难学生的症结所在，及时指导，解决个别学生的问题，对其更有益处。而且老师走进每一个组，倾听组内同学的发言，收集每个组的学习信息，再比较分析组与组之间的差距，归纳班内小组共性的问题所在，教师总结时可以有的放矢，讲学生不明白的地方，提高课堂教学效率，让学生在课堂更快成长。教师如此走位，有利于培养学生共同体学习的良好习惯和氛围，更能培养学生的思考能力，而且还能提高教师讲解总结的效率。

第四章

如何建立倾听关系

建立良好的倾听关系　实现学生的真正学习

在加入学习共同体项目之初，学校教师发展中心带领全体教师，开展了"初中生倾听能力培养"的课题研究，依托梅拉比安模型和3F倾听模型构建了丰台八中课堂倾听模型，通过研究师生之间、生生之间信息有效送达和准确接收的策略来构建良好的倾听关系，实现学生真正学习的发生。

一、教师教学信息有效送达的策略

基于"55387"定律，沟通时信息的全部表达＝表情肢体语言（55%）＋语气语调（38%）＋内容（7%），我们达成共识，如果保证7%的事实能够有效传递出去，需要55%（善意）+38%（温和、尊重的语气）的保驾护航。在理论的指引下，我们尝试从以下几个方面进行了实践。

策略1.转换教学空间：从"以一当十"到"一一对应"。教学空间从五列纵队，教师一人在前，学生面朝教师的点对点交流，转换成3—4人一组的合并桌椅，方便学生面对面交流，激发交流的欲望，弱化教师的权威。

策略 2. 转化教学语言：传统课堂教学，教师的问题是层层推进，步步紧逼，削弱了学生学习过程中自主探究的权利，直接导致学生学习中的亦步亦趋现象。学习共同体课堂教师语言以"尊重"为特征，以温和的语言进行引导，以善意的态度进行鼓励。教师专注倾听，积极给予回应；善于等待学生发言，准确理解意思；巧妙提问追问，委婉表达观点。

二、研究教师准确接收学生信息的策略

学校开展全体教师领导力培训，学习 3F 倾听，提升教师有效接收学生的信息的能力，促使教师在课堂上将倾听重点更多地落在倾听学生表达的背后意图与感受，倾听学生的肢体语言、情绪、语音语调、内在感受和语言表达。

策略 1. 转变教师行为：教师教学行为从居高临下、俯视学生转变为师生平等、平视学生。教师弯下腰或蹲下来，柔软的身体姿态更让学生体会到平等、安全的交流互动氛围，能更好地降低学生的紧张感，启迪新思路，教师也能够更加准确地了解学生的真实情绪与意图。

策略 2. 重视教师暗示：教师通过积极的教育暗示，调动学生积极性，引领学生协同学习。接触暗示：交流过程中直视对方的眼睛，集中精力，有眼神的交流。做出与对方相同的姿势、态度、动作，与对方同步。重复暗示：采取与对方同步的呼吸、语速、音调，与对方同频重复或总结对方说过的话，作出适当的回应……在教育暗示中，准确倾听到学生表达背后的真实想法和意图。

策略 3. 研究教师走位：小组讨论时教师关注远端小组，给学生营造

平等、安全的交流互动氛围。学生在任务活动中，教师通过有明确目的的走位关注有特殊需求的学生，通过观察和交流，了解这些学生在任务活动中的表现和感受，给予他们必要的支持和指导。通过这种方式，教师可以将不同学生的观点串联起来，促进全班范围内的知识共享和思想碰撞。

三、协同学习提升倾听能力的策略

仅仅向教师学习是不够的，学习共同体的课堂讲求对话，与同伴对话，与文本对话，与内在自我世界对话。对话需要倾听，倾听同伴，倾听文本，倾听内在世界尤为重要。

策略1.教师教研转型：从"单篇设计"到"单元整体设计"。教师教学设计在把握单元主题的前提下，充分发挥单元主题的教学功能，实现单元主题的导向价值，以宏观视角来思考单篇的教学设计，以整体构建思维的角度来实现学生与世界、同伴、自己对话的有效性和系统性。

策略2.教师设计转型：从"牵引发现"到"核心凸显"。学习共同体的课堂减少教学环节和细碎问题，简化教学流程，让核心问题引发下的课堂更重实效。学生的学习不一定都是从基础学习开启的，打破传统界限，让学生在练中思、听中思、思中练，增加实践的时间，层层深入的分享，真正的学习在协同之中发生。教师设计能引发学生兴趣、情趣、智趣的核心问题，依据学生问题引发兴趣、学习与思考。设计能够不断深入的、具有一定情趣的核心问题，同时伸展延伸学生的思维，在现有思维水平基础上跳一跳、蹦一蹦的挑战性问题。

策略3.学生倾听练习：从"倾听四力"分析到"倾听维度"评价。学校的观察员教师从学习倾听四力理论，到课堂观察时能够用倾听四力，通过观察学生的动作表情与交流时的反应等解读学生的学习行为和过程，并形成对学生倾听能力的客观认识，帮助授课教师从倾听能力的角度来研究学情。

除了老师对学生倾听能力的研究分析，生生之间互学互评的过程也是学生了解自我的过程。我们从四个维度帮助学生对自我倾听能力进行反思提升。

1. 倾听专注力：我明确应该重点听什么，而且倾听中紧跟发言者能够排除干扰专注倾听……

2. 倾听记忆力：我能够抓住发言者表达的关键信息，并通过批注或笔记整理有价值的内容……

3. 理解力：我能够尽可能多地捕捉到对方表达的信息，通过听辩词句、注意语音、语调、语气、停顿等因素，正确理解言者话语中的深刻含义、韵味及所传达出的情感等。

4. 品评力：我会结合说话人的语音语气进行思考：和我的想法一样吗？有什么不同？谁的想法更加具体、简洁、富有创意？我还有更好的想法吗……

在学习共同体课堂构建初期，通过实施这些策略，有效提升了学生的倾听能力，促进学习共同体的构建和发展。实践中，我们深知教师需要不断学习和实践新的教学理念和方法，在发现问题、分析问题、解决问题中深度探索，以更好地适应教育发展、师生成长的需求。

建立倾听关系的原则和策略

北京市丰台区第八中学　刘鑫婷

建立相互倾听关系的方式是多种多样的，可以因人而异。从整体来说，可以从原则、时间、准备和程序实施等来建立相互的倾听关系。

一、倾听关系建立的基本原则

第一，保持物理环境不阻碍交流。

第二，遵守倾听交流的音量标准。音量应根据受众群体的人数而决定，通常分为四个级别：0号声音即独立思考，没有声音；1号声音即两人交流，不影响第三个人的学习为宜；2号声音即小组3—4人交流听清楚为准，不影响周边组的讨论；3号声音即面向全班同学，因此需要音量偏大、口齿清晰、语速适当，以保证所有人可以听清楚。

第三，保持积极的倾听和表达态度。

二、倾听过程的时间安排

建立倾听关系的过程从教学狭义来说就是学生和老师的上课学习

过程。教师在上课前根据学习内容和学生情况提前规划好一节课中给予学生听与表达的时间，通常为学生自己和小组间的连续性思考学习安排8—10分钟的时间；课堂中其他老师的指导、讲解、点评，师生、生生间的听和表达（回应或评价）等时间仍然属于倾听过程，也是建立倾听关系的绝佳机会。

三、倾听关系建立的准备阶段

做好物理环境准备。1.学生应以3—4人为一组，男女交叉对坐，3人可以呈"品"字形排列，确保课桌之间紧密相连，不留空隙。清理影响交流的杂物，保证必备的学习用具和书籍，尽可能靠近外侧放置。2.桌面放置2—3支颜色不一的笔，甚至是一支可多色调换的笔，以此最大限度减少物理隔离。3.教室内尽量保持安静或是课前播放轻柔放松的音乐以营造舒适安全的环境氛围；在下午的课堂中，可播放一段欢快的乐曲，唤醒大脑，保持兴奋度迎接学习。

做好学习等辅助材料准备。教师需提前根据教学内容和预设产生倾听关系过程的部分打印出纸质版材料，特别是给予交流记录的留白区域（通常指学习单或是任务单），也可准备有利于倾听交流的拓展材料等。

四、学会有效地倾听

积极倾听。1.同学间表现出关心关注、努力理解说话者意图的积极态度，老师则耐心而有意识地倾听和提问，同时创造更多被倾听的机会。最重要的是建立表达者感受到周围环境的安全感和被理解的基础。2.在不打断表达者的前提下，展示出此时正在参与倾听的简单策略是使用简单的短语和轻微的声音。随着说话者不断继续，可以有意识地提问以更深入地交流。

保持专注的姿态。从教师角度而言，展示认真倾听的姿态有助于说话者安全地表达观点。教师可以通过弯腰、侧身、点头、微笑等行为，让学生感受到他们的发言被重视。微笑点头表示出对学生发言的肯定和赞同，鼓励他们更勇敢自信地表达出完整甚至更多的想法。同时，教师认真倾听的姿态也是给其他同学做示范，继而模仿学习，帮助学生间专注倾听姿态的形成，更好地构建学生间的倾听关系。

做好记录。无论是对于教师还是学生，都可以准备一个记录单，特别是教师，要准备一个夹板可以随时进入不同的小组记录不同学生的发言情况。对于学生，则是记录在学习单的留白处，记录与自己不同的想法或是有触动启发的提示等任何信息。这个行为既可以帮助倾听者学习借鉴其他观点，也利于具化自己真正的想法和需求。

深思理解。学生和教师的倾听应包括认真仔细地聆听，理解表达者的意图、主要观点以及与自己观点的差异。此外，需要深入思考这些观点的正确性和合理性，并探索如何促进学生自身的深度思考。做到边听边思考，随时做好记录要点。

提问质疑。在尊重原有说话者观点的基础上，提出自己想要进一步了解的问题。可以分为封闭式问题、开放性问题、探究性问题等。有效地倾听更倾向于开放性和探究性问题，类似于如何、怎么、还有哪些此类的句式提问。

建立倾听关系需要我们从多个方面入手，包括创造良好的物理环境、合理安排时间、充分准备、培养合格的表达者和有效的倾听者。只有这样，我们才能真正实现相互倾听、相互理解，从而共同创造出一个更加美好的交流环境。

静悄悄的课堂，从学会倾听开始

北京市丰台区丰台第五小学　刘彦彦

有人认为教学是说话的艺术，其实不然，甚至刚好相反，教学其实是倾听，教师要放慢语调，放低声音，只有这样才能倾听到每个孩子的声音，倾听到他们对求知的渴望。在"共同体"的课堂上，我常常被孩子们专注的眼神、投入的神态、融洽的交流所感动和温暖。

一、学会倾听，从营造宁静的学习氛围做起

共同体的课堂都是在一种宁静的氛围中进行：老师说话很轻柔，学生回答问题音量适中，同伴相互交流也是轻声细语的。那种安静从容，那种和谐默契是令人感动的。这样安静的课堂里，学生的学习却是实实在在地发生着。它不是少数优秀学生在自我表现，而是每个学生都很投入地学习。同伴间轻声讨论，认真倾听，相互学习，成为一种很自然的状态。

二、学会倾听，先从教师做起

佐藤学认为，在儿童中培养相互倾听关系的第一要件就是教师自身悉心倾听每一个儿童的心声。

这就需要教师谦逊地俯下身去，仔细地观察学生，从微妙的表情变化中，从喃喃低语中，从细微的动作中读取学生对学习内容的兴趣、对学习的参与程度、对学习的理解程度等信息，并且根据学生的各种身心反应不断地调整自己的教学活动，而不是沿着自己预设的路线毫无顾忌地走下去。在执教《解决问题》一课时，学生通过独立画图解决问题，但通过巡视，我发现一部分孩子不知从何画起。于是，我说："同学们，先停一下。我看有些同学皱着眉头、迟迟没有动笔，是不是遇到什么困难了？有困难没关系，说出来，老师和同学们都可以帮助你。"我通过观察孩子细微的表情变化，聆听到孩子内心的声音——孩子独立解决这个问题是有困难的，所以及时调整了自己的设计，给予学生适当的帮助，让大家在共同的讨论中去解决问题。

善于倾听的教师在教学时从不会拖泥带水，相反，他们的话语经过高度的提炼和雕琢，没有一句无关紧要的话，他们把自己的作用发挥到极致的同时，将更多的时间和空间留给希望表达的学生们。这些教师不仅语言简练，而且音调较低，让学生们感到一种柔和和润泽的氛围。

三、学会倾听，从教给学生倾听的方法做起

（一）关注细节、方法落实

倾听也是需要培养的。我常和学生说："听比说更重要。"平时，我会教给学生倾听的方法。第一，眼看。别人在说话时，眼睛要看着说话的人，手里不能有小动作。我会说："小转椅，转转转，快快转向前面来。"第二，耳听。耳朵要认真倾听说话者的每一句话，其间不能举手和插话。第三，心想。要边听边思考。他说的对吗？还有其他的方法吗？他说的不完全对，还有哪些地方需要补充？他说的不对，我应该怎样说呢？第四，口说。交流时，先表明观点再说明理由。评价时，由开始时教给孩子怎样说，到现在具体的评价，启发学生思考：他的想法好在哪里？什么地方值得学习？有什么建议？

（二）过程引导，时刻关注

教师对每一位学生的信任与倾听，营造了润泽、融合而安全的言说环境，也在无意中培养了学生之间的互相信赖和倾听的关系。倾听即表达。学生们不再拘泥于自己的观点，而是认真听取、思考别人的观点，并平等地参与交流与探究，能从同伴的观点中获取营养成分，滋养和丰富自己。

四、学会倾听，从老师的精心设计做起

孩子们注意力集中的时间是有限的。怎样让他们在 40 分钟的课堂

上，做到专注地倾听，离不开老师精心的教学设计。

（一）重视前测，善用错误资源，让倾听真实地发生

"教什么比怎么教"更为重要。因为每个孩子在学习新知识之前，都不是一张白纸。通过前测能够清楚地了解孩子们已有学习的基础和学习的困惑，老师们才能准确地把握这节课我该教什么，该怎样教。

我在执教《等量代换》一课时，把例1作为了前测的题目。我对孩子们的错例进行了收集，并进行了个别访谈，了解了孩子们的真实想法。我还将前测中，同学们好的做法进行收集。课堂上，借助错例让孩子们反思错误的原因，将课前错误的做法和课上正确的做法进行对比，帮助孩子们纠正理解的误区。并让想法独特新颖的孩子，说说自己的想法，给大家以启发和学习。

（二）善用大问题，对比迁移，让倾听真实地发生

在共同体的研讨中，我们的教学模式也在悄悄发生着变化，从"面向所有学生的大一统、碎片化"的教学向"核心问题引发下的关注每一个个体间互学互惠的版块式"教学转移。如在执教《解决问题》一课时，我让孩子们始终与问题对话；与自己已有的学习经验对话。课堂上多处用到了对比迁移的方法：（1）把孩子们画的正确和错误的图进行比较。（2）不同解题方法的比较。（3）不同问题之间的比较。我不是让孩子就题论题，而是通过一道题，学会一类题，掌握数学学习的方法，领悟数学的思想。

我会用我的大手拉起学生的小手，一直行走在"共同体"的幸福之路上，细心倾听孩子内心的声音，和孩子们一起走向更远的远方，欣赏别样的风景，遇到更好的自己。

会"听"才会学

北京市丰台区草桥小学　兰　雨

倾听不等于听见，听见是一种生理行为，是被动的；而倾听是一种主动行为，是将注意力主动集中在当前声音的有意识的行为，在这过程中，他需要接收、理解，并做出反馈，所以倾听不仅要用耳朵，更要用心，会听了才会学。而良好的倾听习惯不是与生俱来的，需要日积月累经过多种途径去培养，在培养过程中，我认为以下几个方面很重要。

一、让学生知道倾听有规则

"不以规矩，不能成方圆。"做任何事都应有一定的规则，倾听也不例外。在倾听习惯培养之前，要与学生共同讨论建立规则，并引导全体遵守规则，因为它不仅能维持良好的课堂秩序，更是让良好倾听习惯持续下去的前提。

要专心。目光能追随着声音的来源，认真听同学说的每一句话，头脑里不想其他的事。

会记录。当听到重点时、当听到不懂的地方时、当对别人的观点有疑问时……能使用关键词或自己明白的符号快速地做适当的记录。

不排异，不盲从。当倾听他人的观点时，不要理所当然地认为自己的才是对的，或者盲目地全都认同，而是要静静地边听边思考是否有道理。

二、教学生学会倾听的方法

古人云："授人以鱼，仅供一饭之需；授人以渔，则终身受用无穷。"我们教师不仅要把知识传授给学生，关键还要教给学生科学的学习方法。在培养倾听习惯时，我会借助下面的流程图帮孩子梳理倾听的过程。

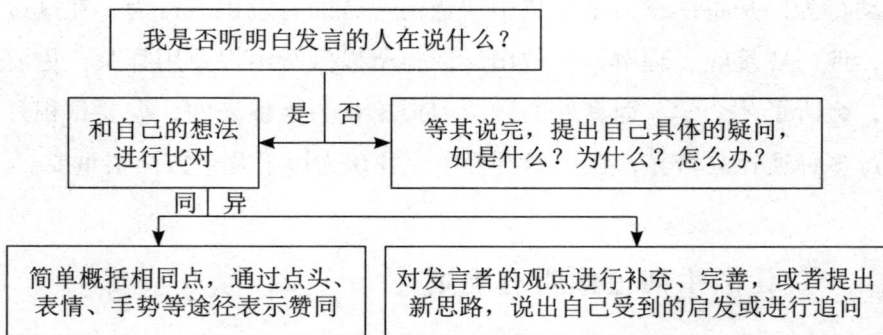

```
           ┌────────────────────────────┐
           │ 我是否听明白发言的人在说什么？ │
           └────────────────────────────┘
                   是 │ 否
        ┌──────────┐     ┌──────────────────────────┐
        │ 和自己的想法 │ ←── │ 等其说完，提出自己具体的疑问， │
        │  进行比对   │     │ 如是什么？为什么？怎么办？    │
        └──────────┘     └──────────────────────────┘
          同 │ 异
  ┌──────────────────┐  ┌──────────────────────────────┐
  │ 简单概括相同点，通过点头、│  │ 对发言者的观点进行补充、完善，或者提出 │
  │ 表情、手势等途径表示赞同 │  │ 新思路，说出自己受到的启发或进行追问   │
  └──────────────────┘  └──────────────────────────────┘
```

好的倾听是能够理解别人的观点，且能够意识到自己的想法和别人观点的异同。倾听的过程是接收、理解信息的过程，是求同存异，相互借鉴，形成新思考的过程，是进一步交流和讨论的前提。

我想，借助这样的倾听技巧，可以使教室内的发言者与倾听者时时同思、同想、共鸣，进而养成良好的倾听习惯，达成高品质的学习。

三、教师要做倾听的榜样，并会见状支招

（一）老师要从自身做起，先学会倾听

倾听不仅指学生单方面的倾听，老师也需要敞开心扉，成为学生的忠实"听众"。课堂上，老师的一举一动会潜移默化地影响孩子们，所以不管是怎样的学生，不管是说对了还是说错了，说得清楚明白还是语无伦次，老师都应耐心等待倾听，不仅要听他的表达，更要去听到他的内心，竭力通过自己柔软的肢体语言去与学生产生情感上的共振，决不在孩子发言的时候眼神游离，有半点不耐烦，更不能轻易打断发言。当学生遇到困惑欲言不发时更要有足够的耐心，及时加以帮助，给予鼓励。总之我们要善于倾听学生的心声，与之产生共鸣，让学生从点点滴滴细节中真正体会到老师对他们的尊重，从而产生积极的反馈：老师每次都能耐心地听我发言，我也要专心倾听！

（二）根据倾听现象制定策略

课堂中，我们能清晰地感受到谁在认真地、投入地听，谁在假装听，而谁又在开小差，针对不同的情况，我们该怎么办呢？

1.对于明显没听、"假听"的，可以增加每个学生发言的机会，督促他们不得不听，哪怕是简单的重复。

2.对于听而不懂、听而不思的，借助上面的倾听流程，训练学生的倾听能力。让学生转述别人的发言，逐步学会抓住别人发言的精髓，达到真正理解的程度；培养学生在遇到有疑问的地方多用"能不能""是不是""我可以这样理解吗"等提问的方式与发言的同学进行交流，以

确认自己的理解是否正确。

3. 对于听而不耐，急于发言的，强调"倾听的规则"，要尊重他人。请他"猜一猜"：你能说说发言同学接下来还想要说什么吗？并与发言同学的想法进行印证。目的是要他明白，没有完整地了解别人想法的时候我们很容易片面地理解别人的意思，甚至是曲解别人的意思。

4. 对于理解力较强、学有余力的，上课时要适当地设计一些需要他"跳一跳"才能够得到的挑战性问题，给他思考的空间。并且放大他在小组协同学习、伙伴互助时的作用，让他感到自己不仅仅是独立的个体，还是整个集体的重要成员。

（三）为协同提供支架，强化倾听的方法

在小组协同学习时，老师要根据课题的设计为学生提供充分的学具、学习单等，通过写一写、画一画等方式促进学生思维可视化，借助图像可以使发言的同学思绪更清晰，倾听的同学也更容易听明白，并把自己的想法建立在他人的基础之上，进而不断螺旋上升地建构体系知识，保障高质量的学习。

（四）以丰富多彩的评价来激励学生的倾听

在"听"的培养中，要及时对学生"听"的习惯进行评价。其实，学生良好倾听习惯的养成，很大程度上跟老师的评价有关。教师首先认真听取学生的想法，给予鼓励性的评价。鼓励性的语言促使学生敢于表达想法，再激发他继续听取别人的想法，找出与他人的不同，这样，研究性课堂气氛就产生了。

作为老师，要毫不吝啬自己的赞扬，对倾听习惯好的学生进行及时、具体的公开表扬，同时在下一阶段会更加关注那些暂时落后的学

生，用一双善于发现的眼睛，去捕捉他们的进步，让这些学生也能享受到喜悦，促使他们更快地进步。当大多数同学都做得好的时候，就开始表扬小组，这样也增强了小组的凝聚力。

师生能够互相倾听，高品质的学习才能发生，每一个孩子的学习权利才会得到保障。

希望每一个孩子都能在温润和谐的课堂氛围学会倾听、在听中生疑、听中解惑、听中积累、听中提高、听中创新。

打造"用心地相互倾听的教室"

北京市丰台区草桥小学　陈丽丹

教师站在教室里，是和学生一起"共度愉快的时光"，所以教师在组织引出学生发言之前，要先仔细地倾听和欣赏每一个学生的声音。我们要追求的不是"发言热闹的教室"，而是"用心地相互倾听的教室"。只有在"用心地相互倾听的教室"里，才能通过发言让各种思考和情感相互交流。数学课上，有些学困生并不是智力上的学困生，而是倾听方面的学困生。所以，教师要先创造出一个能让学生感受到安心的外部环境，然后作出倾听者的姿态去倾听学生和引导学生学会倾听。

一、关系的改变

在学习共同体课堂，孩子们两两同桌，四人一组，全班围成 U 字形。U 形座位是去教室中心化的座位，也就是说，在课堂上，教师不再是主角，真正的主角是每个孩子，尤其是在数学学习上有困难的孩子。我告诉孩子们："你和你的同桌就是学习的伙伴""你不懂时，可以随时向同桌请教""两个人可以一起讨论问题，一起站起来回答""当别人在发言时你要认真听他说了什么，他和你想的一样不一样"……在教师这样的话语中，孩子们慢慢建立了相互倾听的关系。在这样的教室里，教师不再是课堂的中心，和孩子一起学习讨论，也能更用心去倾听每个孩子的发言，从他们的发言中去捕捉孩子发言背后的思考！而孩子有了同伴的支持，平时害怕答错的孩子也敢于站起来说出自己的想法。

二、站位的改变

如果说外部环境的改变让孩子感受到被尊重的欣喜，那我们该如何让孩子一直保有这份欣喜呢？也就是说，如何才能让孩子切实感受到老师的用心聆听呢？这时教师的站位就显得尤为重要了！以前，我们习惯和孩子面对面，而且多是教师站在教室的前方正中。这样的对话多是发生在教师和发言的孩子之间，其他没有发言的孩子就是被我们忽略的孩子，而学习共同体的课堂要关注每一个孩子。

其实，如果我们希望在课堂上更好地培养学生的语言表达能力的话，那么与其鼓励学生发言，不如培养其倾听能力。因为倾听是在向别人学习的过程，尤其是学困生，他们课堂上往往因为学习上遇到困难而羞于发问或是因为不知如何表达而很少发言，他们这时需要的是教师的关注与鼓励。如果此时教师还是站在讲台上，与孩子有很大距离，这样的站位很难给予学生鼓励。所以，教师应该走下讲台，走近学生，侧身站在孩子身边，与他一起倾听。这样的站位，会让身边的孩子听得更专注。如果是学困生发言，这样的站位会给予发言者安全感和鼓励，也会使其他孩子能够把目光投向发言者，更加认真地去倾听。当学优生上台发言时，我通常会退到教室的最后或角落，抑或是坐在发言者的座位上，与其他孩子一起倾听。这个时候，孩子们看到老师和自己一样也在下面去倾听，他们的眼神就不再是追随教师，而是追随发言者，听得也更加专注了。

三、姿态的改变

如果说教师的站位能够促进学生更好地倾听的话，那教师的姿态则更多的是让学生感受到教师和自己的平等。对于小学生，老师多数都是"高大"的，一高一低这样的对话，从视线上来说就不是平等的，仰视的站位总会让孩子觉得老师始终高高在上。所以，在倾听学生发言时，教师的体态也很重要。如果是在倾听小组内的交流，我会轻轻俯身或是蹲下来，让自己与孩子视线平等，这样的倾听不仅是身体的姿态，也是教师尊重的"姿态"。如果孩子是站起身发言，对于那些不够自信需要鼓励的孩子，我会站在孩子的斜侧方微微弯腰，或是把手轻轻搭在孩子的肩上，用身体语言给予孩子鼓励和信任。同时，细微体态的改变，也使我能够把孩子的发言听得一清二楚，更让发言的孩子感受到温暖和尊重。以前，有些孩子发言磕磕巴巴时，看到站在对面的我，脸上更多的是无助，然后换下一个人发言。而当我走到他们身边，注视他们，并给予鼓励时，孩子会努力尝试把自己的想法表达清楚。

做一个用心倾听的老师

北京市丰台区丰台第五小学　李　蕾

优秀的教师无一例外都是耐心的倾听者。教师有效地倾听，可以帮助学生倾诉自己的感受，使学生得到表达的机会，享受表达的愉悦。教师有效地倾听，能让学生觉得自己得到了老师的认可和尊重，能激起学生的发言欲望，提高发言质量。如何做一个用心倾听的老师，为学生倾听树立榜样呢？

一、态度热情，侧耳倾听

我们在听林莘校长、陈秀娟老师的课时，都会发现老师在倾听学生发言或是交流的时候，总是用微笑的目光注视着说话的学生，身体稍微前倾，以同等高度的视线侧耳倾听学生的发言，有时会走近学生的身边倾听，有时站立在发言学生的斜侧面倾听，微微点头。这就给我们做了很好的示范，老师的倾听姿态和位置很关键。如果老师站立在发言者的正面，发言者极易把视线看向老师，像是在征求老师的意见，就变成了一对一的交流。老师要站在学生的斜侧位置侧耳倾听每一个人的发言。学生看到老师侧耳倾听自己或他人的发言，会将教师作为亲密的倾听者，从而放开身心自由地表达自己的所思所想。教师要成为一个出色的倾听者，就要建立与学生的密切关系，始终全神贯注地去倾听学生表达的每一句话。

二、认真倾听，准确理解

理解学生要表达的意思是倾听的主要目的，同时也是使沟通能够进行下去的条件。我们在倾听过程中捕捉到一些有用信息时，为了更多地了解有用细节，应当在学生讲完后，请学生有针对性地多介绍一些情况，或者就学生表达中不清楚的部分请求解释，以此来避免沟通过程中的误解。

记得在教学《雪地里的小画家》一课时，我让孩子们问一问自己不懂的问题，孩子们因为生活经验少，问道："为什么说小鸭会画枫叶呀？月牙是什么？"这些问题都在我的意料之中，并在课上让班中的同学互相帮助解答，孩子们学得很高兴。这时一位女生提出一个问题："老师，小马怎么会画月牙呢？"此问题一出，很多孩子貌似听懂了还解释说："小马的脚印就像月牙的形状呀，所以说小马会画月牙呀！"我细细琢磨了一下，觉得孩子所要表达的不是这个意思，于是我又追问了一句："你能把你想要说的再解释一下吗？"孩子又说："马蹄印跟月牙不一样呀？"这一下我终于听懂了孩子真问题的所在。孩子不知道马蹄上有马掌，想不出马蹄与月牙间的联系，这个孩子如果不是认真地思考，是不会提出这样的问题的。老师要在关键时刻听得出"真问题""真声音"，准确理解学生的意思。

我们只要给孩子提供安全的氛围，给他们充足的空间、时间，只要老师敢于相信孩子，认真倾听学生内心中的真声音，准确理解孩子所要表达的真意图，孩子们就会给我们惊喜。

三、善于等待，巧妙提问

在学生回答问题的过程中打断学生的思路，或否定学生，是对学生的不尊重，孩子会因老师的回应而变得没有了讲话的兴致。我们要善于等待，让孩子把话说完，多给学生一点时间和信心。在学生说话时，老师可以适时地提出切中要点的问题或巧妙地加一句："你能不能再谈谈对某个问题的意见呢？"这样会拓宽学生的思路，激发他的思考，有时还会使学生产生智慧的火花和新的创意。

在上《可爱的小鸟》一课时，我为孩子们提供了"小鸟捉害虫"的资料，孩子们看到啄木鸟、黄莺能捉这么多害虫的时候，连连赞叹。于是我追问道："看了资料，你想对小鸟说些什么呢？"一个平时不爱回答问题的孩子举起了手，我高兴地请他来回答，他答道："小鸟，你真棒！"孩子说出了自己对小鸟的肯定，我可以表扬一下他，就让他坐下。可我觉得他内心是被感动了，一定会表达得更好，于是巧妙地引导："能说说小鸟怎么棒吗？"他结结巴巴地说道："小鸟一天能吃掉那么多害虫，保护树木，真是太棒了！"我听了他完整的回答，很为他高兴，全班同学也为他点赞。接下来的课上，我看到他认真地学习，又一次举起了手回答问题，我真为他这节课的表现而感到高兴。

四、接纳"不同"，积极回应

课堂教学，有交流才有价值。有时学生在发表自己的见解时，会不经意带出一些很有探讨价值的"观点"或"副产品"，这时，作为回答者的学生可能是"无心"的，但作为认真倾听的教师一定要"有意"，要认真倾听学生的妙想，倾听学生的童心，倾听学生的错误，倾听"弱势"学生的声音。从学生的"错"中见"对"，从"无"中生"有"。作为教师，我们要学会接纳，也要给予学生适时适度的回应。尤其是对于低年级学生，老师要善于通过体态语言、话语或其他方式给予发言者必要的反馈，做一个积极的"听话者"，如自然的微笑、奖励个大拇指、微微地点头表示赞同等都会给发言的孩子以鼓励。当然，在学生回答问题的过程中，他们对问题的看法或结论都和我们不同或是偏激，老师还是要尊重发言者的观点，让学生了解到：老师一直在听，而且听懂了你所说的，虽然我们的观点不同，但老师还是尊重你的想法的。老师还要会用巧妙、委婉的语言表达自己的意见，如"我同意你的做法，不过我认为，换种方式可能会更好"或"我觉得你的想法有一定的道理"等，让孩子感受到来自老师的尊重，打造"安全""润泽"的课堂。

不仅要在我们的课堂上，更要在我们与孩子相处的每时每刻，都要做到用心倾听孩子们的心声！你一定可以在与孩子们的心灵之约中拥有过去所不能体验到的无比快乐和巨大的收获。

倾听——教师活动的核心

北京市丰台区第五小学　李　侠

《学校改革：学习共同体的构想与实践》一书中所说，"学习发生应该追求互相倾听的关系"。学生本就不是一个孤立的学习者，学生本身和其他小组成员互相依赖才能获得协同学习的最高效率，这一切都必须以倾听为前提。

倾听是学习的基础，而教师的倾听就是学生学习倾听的首要模仿对象。倾听是对学生的一种尊重，更是课堂教学本身的需要。它是教师适时介入学生学习的基础，引导学生学会倾听，教师首先要会听。

一、小倾听，学习真发生

课堂教学要为学生的成长与发展提供机会，要创设氛围与情境，为学生提供表达自己观点的机会，教师都应专注地倾听，听出学生的学习"彼岸"。

如：《井》一课

师：初读完课文你有什么问题？

……

生3：课文写的是作者家的井，为什么题目是《井》？井哪儿都有呀？

师：抱歉，我没太明白你的意思，同学生们有听明白的吗？你慢慢地说。

生3：（再解释）……

……

第二课时有不少孩子选择了这位同学的问题进行学习。

交流时，孩子们竟然说出了：

生1：吃水不忘挖井人。

生2：这里的井不仅仅是作者要描写的井，而是想通过自家的井来告诉我们，每一个挖井人都很了不起。"前人栽树，后人乘凉。"所以我们才能喝上"清、凉、甜"的井水，才会有那么多的欢乐。

生3：我觉得不只是"挖井人"，所有的劳动者都是这样的。像生活中的建筑工人，建大桥的人，铺铁路的人……

……

我惊讶于学生的认识，而这一切，都源自我们一起认真倾听了一个孩子的问题。

二、小倾听，实则大尊重

教师真诚的倾听、耐心的倾听，会让学生心里感到满足，它的意义要远远超过仅仅给了学生一个表达的机会。从更深层次上看，它带给了学生人格尊严，铸就的是价值与信念的追求。学生也会从教师身上看到倾听的态度、养成倾听的习惯并潜移默化地受到影响。对于学生每一次回答问题，教师都能始终微笑着面对，带着赏识的目光看着他们，耐心地听他们表达，无疑是对正在表达的同学的莫大信任和鼓励。

三、巧倾听，"身教"的奥妙

从学习发生的三要素，可以看出倾听关系是学习发生的基础。而教师的倾听就是学生学习倾听的首要模仿对象。倾听是对学生的一种尊重，更是课堂教学本身的需要，教师的倾听尤为重要。

1. 教师示范倾听。

要对所有学生的表达表现出高度的期待，从眼神、身体的姿态中让孩子清晰地感受到老师是愿意听、认真听的。从鼓励的话语中，让学生感受到他的发言是被肯定的。通过这样的倾听姿态，引导学生去倾听他人之声，为同学们彼此倾听做出榜样。

2. 教师耐心倾听。

对每个学生的表达有充分的耐心，给予足够的时间等待，对学生的发言不评价但是要做回应，引导学生从表达出听出"新意"。佐藤学教授用"踢皮球"来比喻师生课堂上的交流互动。只有听懂学生的"心意"，才可以把学生传回来的"球"接得住、传得准。及时倾听学生的想法，从等待的倾听中真正了解学生，让语文课堂成为彼此心灵上的接触。

3. 教师用心倾听。

听懂学生的发问之音、争论之音、意外之音。

发问之音——在教学中，尊重学生的求知欲，鼓励学生发问，并善于倾听他们的问题。问题从学生中来，在师生共同参与解决问题的教学活动中，使学生在民主和谐的气氛中发挥潜能，在自主探究中获取新知。

争论之音——全班 40 名学生各有差异，各具个性，对于一些学习问题，他们都有着自己的见解。在课堂中，要让学生畅所欲言，发表不同见解，鼓励他们"百家争鸣"。学生的想法是丰富的、多彩的，教师始终认真地倾听，及时地捕捉学生富有创意的回答，不但激活了学生的思维，发展了学生的思维，更重要的是提升了学生的智慧。

意外之音——倾听学生的意外之音。注意倾听，善于发现，及时抓住一闪即逝的教学亮点，并加以运用，有时会对教学起到一定的推动作用，课堂会演绎得更加精彩。有时学生的精彩发言，像股热流涌动心扉，让我们情不自禁为之喝彩，为之赞叹，为之祝贺。

这样的倾听，需要教师进入协同学习小组，依据学生的情况和对所谈问题的理解进行判断与反馈，以伙伴的态度参与到学生的学习实践之中，在实践中感悟学生的需要、帮助学生。教师听懂学生的真表达，特别是针对关键问题的追踪，更为重要，这样会引导学生进入深度学习。

4. 教师用目光"倾听"。

学习过程中，仅仅用耳听还是完全不够的，有时因为表达能力的差异或种种顾虑，学生可能会有意或无意地漏掉或掩盖部分内容和某些实质性的细节。因此，教师在倾听中要着重细致入微地观察学生的一个皱眉、一个表情，要细心揣摩和分析学生表达的实质，判断学生的未尽之意，要把学生所讲的内容、感觉和意思用"眼"听明白，用"心"听清楚。这样才能真正理解学生的意图，才能在充满智慧的课堂里张扬学生的个性，尽显课堂的魅力。用学生的眼睛看课堂，与学生共学习、共成长，才能点燃学生思维的火花，发展学生的思维能力。

深度倾听　成就深入学习

在共同体学习中，相互倾听的关系是最重要的关系，而倾听的行为则是"让学习成为学习的最重要的行为"。课堂上，公共分享需要学生投入更多注意力，更凝神贯注地深度倾听。只有懂得倾听、乐于倾听、善于倾听的学生，才能提升课堂效率，深入学习。

一、虚己以听，听有准备

倾听是一种姿态。学习时，每位同学都会有着或深或浅的理解，尤其是小组讨论后，每个学生都会形成对问题的初步认知。这时的学生特别容易获得成就感，在公共交流时，就很容易沉浸在自己的观点中，只愿发言表达，而忽视了倾听。往往这种时刻，更需要教师的指导。暂时放下已有的观点，将心灵和头脑腾出一些空间，来倾听更多人的看法。这是一种虚心好学的姿态。虚己以听，做好倾听准备，深入学习将从此开启。

二、倾耳细听，听有方法

倾听是一种学习方法。掌握倾听的方法，可以让学生更专注地投入学习，让语文课堂更高效。

（一）目光聚焦，听有姿势

涣散的目光，意味着思维的游离，再精彩的发言也会充耳不闻。而目光聚焦于一处，或是书本，或是黑板，或是发言人，则是倾听的外在表现。倾耳细听，是学生思维活动开展的标志。因此，教师在课堂上要关注学生的目光和姿势，及时发现思想游离的学生，并将其引入倾听，带回课堂。

（二）不去打断，听得完整

耐心倾听，既要听得认真，还要听得完整。静静地倾听，等待他人发言完毕，再发表自己的见解，是尊重他人的表现，更是虚心学习的需要。不打断，完整地倾听，可以更准确地了解他人的意思。

（三）随时记录，听有回应

培养学生听有回应，听有反馈的习惯，可以让教师更明晰每位学生的倾听状态和学习效果。课堂上，皱起的眉头、扬起的下颌、轻轻地点头……细微的表情、动作，或赞同或质疑，或思索或记录，都可以让教师感受到倾听已深入学生内心。

三、耳听心受，听有深度

倾听是一种习惯。当有人发言时，静心倾听，耳听心受，倾听才更有意义。将"同伴的发言都记在心上，在联系当中理解同学的发言，并形成自己的理解和发言"，学生在倾听中开展思维对话，学习就会更深入。

（1）关联式倾听：倾听时，有意识地沿着发言人的思路继续思考，或者另辟蹊径，变换一个角度，将他人的发言与自己相关联，并作为自己思考的助推器，思维也就走向了深入。

学习《穷人》时，学生就"他们真的穷吗？"展开讨论。甲："我觉得他们真的穷，帆破旧了桑娜还在补。"我顺势引导："他关注到了桑娜手中的物品。听了他的发言，你受到了什么启发？你能顺着他的思路想一想，或者从其他角度谈谈吗？"乙："我想继续补充依据。桑娜一家只能勉强填饱肚子，邻居西蒙一家更贫困。"丙："我觉得他们不穷，他们有着丰富的精神财富。"

一句简单的启发式串联，让学生从静态地倾听发言内容到关联自我的认知，受到启发听有所思，倾听就走向了深入。

（2）辨析式倾听：倾听时，同学的观点和自己的理解往往不一致，甚至完全相反，此时就要对他人的观点进行快速辨析，"他的观点是正确的吗？他的理由合理吗？他的观点和我的有什么不同？"这一系列思索的展开，就是学生深度倾听、深入学习的表现。

在学习《跳水》一课时，有同学提道："文章用很多笔墨来写孩子，孩子就是主要人物。"有的同学点头赞同，有的则摇头举手。看法产生了分歧，于是我引导道："你们同意他的看法吗？为什么？"一位同学说："虽然孩子笔墨多，但也是要表现船长的果断机智，所以船长才是主要人物。"

（3）归纳式倾听：在头脑中回顾问题的要点，梳理思维，归纳总结，将倾听的内容在头脑中构建成知识网，让倾听落在实处。一边倾听，一边梳理，沉淀学习，让理解更全面、立体。

在学习《夏天里的成长》一课时，我提出"请认真倾听，适当做记录，一会儿进行总结"，之后请同学们总结"文章是怎样围绕中心句来写的？"并提出具体要求，"请归纳出清晰的观点，并说明理由"。学生回顾发言，串联笔记，有了较全面的认识。

（4）评价式倾听：在倾听时，形成对他人发言的认知，在评价发言的基础上形成对发言内容的深入理解，从而引导自我深入倾听、思考。学生在倾听中评价，在评价中继续倾听，循环往复，不断深化着倾听者的学习。

在学习《田忌赛马》一课时，有同学说道："田忌是这次赛马的赢家。"我赶紧提示："你们怎么看待他的发言？"一位同学说："他是从赛马的结果上思考的。而我从整篇文章的结尾上来思考，最后孙膑被齐威王任命为军师，他早有了通盘谋划，他才是最大的赢家。"

四、听微决疑，听有效果

倾听是一种能力。将深度倾听运用到课堂上，将听的内容内化为自己的收获，用以完善自己的认知，提升思维水平，倾听就成了一种能力。

在公共发表时，深度倾听，将他人发言的细微细节同自己的思考联系在一起，学习他人的思维方式，梳理自己的认识，从而听微决疑，有所得有所获。

　　在公共发表中深入倾听，运用倾听策略，提升思维，将课堂学习引向深入，让学生有真收获。也正因为生生、师生之间的深度倾听，共同体课堂才能成为真学的课堂、灵动的课堂、润泽的课堂。

从一年级开始培养相互倾听的习惯

北京市丰台区丰台第五小学　徐红岩

佐藤学教授指出，互相倾听是相互学习的基础，构筑"相互倾听"关系是至关紧要的。师生间相互倾听的课堂才是一种互动的有生命力的课堂。那么在一年级的数学课堂中怎样培养学生的倾听习惯呢？以下是我的几点思考。

一、以情动人，明确倾听的重要性

倾听的重要性不是一句两句话就能让孩子明白的，需要老师长期耐心地坚持和引导，且适时抓住教育契机，让学生明白倾听不仅是尊重别人的表现，也是很重要的学习方式。在课堂上，当学生没有倾听时，老师要停下来，真诚和坦率地说出自己的感受，引导学生倾听。当同学发言有人不倾听时，让发言的孩子说说自己的感受。通过这种同理心的角色互换，相互理解，让学生在以情动人中了解到倾听别人是很重要的事。

二、讨论梳理，细化倾听的要求

课堂上怎样才是认真听，对一年级学生来说比较模糊。所以我认为教师应该给学生一个具体的、可操作的、细化的倾听要求，让孩子明白什么才是真正的倾听。

1.目光必须注视发言的老师或伙伴，专心听清发言者的每一句话，停下自己的活动，不东张西望，不与他人交谈，以示对他人的尊重。

2.发言者要与伙伴互动，发言结束时要询问："我说清楚了吗？大家听明白了吗？"

3.倾听伙伴发言要动脑，听取别人的发言要有耐心，学会等待。当同意伙伴发言时，可以向发言者点头、微笑、竖大拇指点赞等以示赞同；当不同意或要补充伙伴发言时，不随意打断，有意见或看法要等伙伴说完再举手表达自己的想法。

4.学会正面评价伙伴的发言。当同意伙伴发言时，可以说："我同意你的看法，我和你想的一样"；"我喜欢你的发言，你回答得棒极了！"当不同意或要补充伙伴发言时可以说："你的想法不错，下面我来谈谈我的想法"；"你的发言很精彩，我还想给你补充一下等。"

在学生倾听时，教师还要及时评价引导倾听，鼓励学生要在听中加以思考，做到"说""听""思"并重，相互促进。

三、灵活形式，调动倾听的兴趣

由于一年级儿童年龄特点，学生在课堂上的有意注意时间是有限的。教师应采取灵活多样的教学形式，增强课堂的魅力吸引学生全神贯注地听。如在《认识图形》一课中，教师选用了积木让孩子摆一摆，拼一拼，收集了很多生活用品让孩子找一找，准备了神奇的魔袋游戏让孩子摸一摸，说一说，用游戏活动贯穿课堂，将生活和数学知识对接，学生的注意力很自然地被延长了。

四、不折不扣地接纳，增进倾听的乐趣

在教师的挑战中，滨野老师不拘泥于好的发言，而是对所有儿童的发言都寄予信赖与期待，诚实地面对每一个儿童，维护每一个儿童的尊严，给每个发言的儿童以获得成功的满足感。

在《平移和旋转》一课中，有个淘气包上课因为坚持自己的看法和伙伴辩论起来，教师并没有打断孩子们的讨论，而是静静等待，不折不扣地接纳了这个孩子的"霸道"，几个小组都被这个孩子的气势调动起来，强者与强者之间展开激烈的争辩，沉默者表达的欲望也被点燃，在思维的碰撞和智慧的火花中，听的兴趣在老师的接纳中被拉长了。

五、巧用学习单，强化倾听效果

低段学生最喜欢的活动方式是在游戏中学习。如在《认识钟表》一课画时针分针游戏中，伙伴两两协作，学生只有认真倾听，才能画对时针分针的指向。这样的学习单设计不仅激发了学生参与活动的热情，还能使学生静下心来倾听，从而提高了学习效率，强化了倾听效果。

学生倾听的习惯不是一朝一夕养成的，它是一个长期的过程，需要教师耐心提醒、督促和长期的指导。在平时的教学中，教师要善于挖掘教学资源，创新教学手段，还要善于捕捉教育契机，唤起学生倾听的兴趣，养成良好的倾听习惯，学做一名好听众！

英语课堂中倾听关系的构建

北京市丰台区第八中学　刘文伊

在英语课堂教学中，建立有效的倾听关系不仅有助于提高学生的学习效率，更能促进师生之间的情感交流，营造良好的课堂氛围。倾听，作为一种双向互动的交流方式，既要求教师能够全神贯注地听取学生的意见和建议，也鼓励学生积极回应教师的引导，表达自己的观点和疑问。

一、学生的倾听

1. 认同倾听公约、规范自身行为。

倾听关系的构建和培养并不是强制的规定和教师一对多的加压式输入的产物，而是学生通过讨论、分析、思考最终共同认同的、赞赏的公约。公约要具有共识性、规范性和普遍性，如同班级奖惩制度一样，是一套缜密的学生所推崇信服的标准。于是在初期阶段积极组织班会，开展多样的活动让学生体会倾听所带来的益处，并制定相关的班级倾听公约。学生通过小组讨论、个人分享发言、全班举手表决等几个阶段构建班级的倾听公约。最终形成：倾听时身体前倾，目光追随发言人，不打断对方发言，适时给予反馈等倾听公约。

公约的构建固然重要，但更要注重后期的落实与巩固。

形成初步的倾听公约后，教师要重视各个学科、每一节课、每一个问题背后倾听关系的落实情况。创建课堂反馈单，供任课教师填写。反馈单包括课堂倾听情况、发言情况、讨论情况、秩序情况等类目，方便任课教师对于课堂进行及时反馈。班主任也可以和任课教师提前做好沟通，上课时对于积极履行公约的情况进行点名表扬，表扬时要陈述教师所看到的优秀倾听关系践行的具体事例，让做得好的同学能够得到认同感，从而继续进行或发展优势做法，也让其他同学明白表扬的具体内容，从而促使他们可以不断向优秀示范靠近甚至超越。

2. 开展案例分享、提升倾听能力。

初期倾听关系培养的班会课程旨在构建和落实，到了后期仍旧采用班会的形式，但将班会的侧重点调整为分享和提升。

在一段时间后的落实和巩固，学生们可以做到课堂上合理地运用公约且积极践行倾听关系。那么我们就可以挑选几组在平时课堂当中践行且有创新的小组进行案例分享和场景还原，让台下的小组评价展示小组的倾听行为并借鉴内化到自己的小组倾听讨论当中，引导学生进行自我反思和评价，让他们意识到自己在倾听方面的不足，并寻求改进的方法，不断提升学生个人和小组的倾听能力。形成复盘—总结—固化—创新的学生自治型班级倾听链条。

此外，教师还可以利用现代信息技术手段，如录制课堂讨论视频、使用在线学习平台等，为学生提供更多提升倾听的实践机会。

二、教师的倾听

1. 树立正确的倾听理念。

教师应该充分认识到倾听的重要性，将其视为教育教学活动中的重要组成部分。要尊重每个学生的观点和意见，不论其正确与否，都应给予积极的回应和反馈。同时，教师还要学会控制自己的情绪和态度，避免在倾听过程中出现不耐烦、打断学生发言等不良行为。

2. 提升自身倾听能力。

教师可以通过参加专业培训、阅读相关书籍和文章等方式，不断提高自己的倾听能力。此外，还可以在日常生活中多加练习，如与家人、朋友交流时多倾听对方的意见和想法，从中汲取经验和教训。

3. 示范肯定倾听行为。

在英语课堂上，教师可以通过点头、微笑、鼓励性语言等方式表达自己的倾听行为。同时，还可以利用课堂讨论、小组合作等活动形式，为学生创造更多的发言机会，引导他们积极参与课堂交流。此外，教师还可以将自己的倾听经验分享给学生，鼓励他们在日常生活中也注重倾听他人的意见和想法。

三、课堂的样态

综合上述内容，课堂当中教师和学生各司其职。

1. 教师：引导者和参与者。

在英语课堂中，教师应扮演好引导者和参与者的角色。在引导学生进行课堂讨论时，教师要保持耐心和专注，认真倾听每一位学生的发言，并及时给予反馈和建议。同时，教师还要积极参与到课堂互动中，与学生共同分享自己的观点和见解，激发学生的学习兴趣和热情。

2.学生：主导者和参与者。

学生在课堂互动中要处于倾听实践的主导地位。在发言时，要学会清晰、准确地表达自己的观点和想法；在倾听他人发言时，要保持专注和尊重，不打断对方的发言，并适时给予回应和反馈。此外，学生还可以利用角色扮演、辩论等活动形式，与同伴进行互动交流，提升自己的倾听能力和表达能力。

四、未来的展望

在英语课堂中建立有效的倾听关系是一项长期而艰巨的任务，教师需要不断提升自己的倾听能力和表达能力，引导学生积极参与课堂交流，培养他们的倾听习惯和能力。同时，还要注重营造良好的课堂倾听氛围，让学生在轻松、愉悦的环境中学习成长。

随着教育教学理念的不断更新和教学方法的不断创新，相信在英语课堂中建立更加有效的倾听关系将成为可能，为学生的全面发展奠定坚实基础。

把培养倾听习惯落实在每一个环节

北京市丰台区草桥小学　张克虎

在学习共同体课堂中，伙伴关系、倾听关系及互学关系非常重要，在这三种关系中，倾听关系是决定学习共同体能否顺利推进的基础。究竟如何在英语课堂中构建学生们的倾听关系呢？在我看来，可以从以下这些方面入手。

一、以任务促倾听

在英语课堂中，教师可以尝试在课前设立小值日岗，安排学生准备一些日常的交际用语问答，回答的同学作为下一次值日岗的种子选手，学生们想要得到值日岗位就必须要做到认真倾听，与在岗同学积极互动才能争取到下一次的岗位，通过这样的方式促进学生们认真倾听他人。

二、以游戏促倾听

教师在设计学习活动时，要认真研读教材，安排适量、适当的游戏活动，这样不仅可以提高学生的学习兴趣，还能促进学生认真倾听他人发言，提高学习效率。如在学习句型时，可以带领学生以小组的形式玩"四只小鸟"的游戏。第一位学生说 Yesterday I went to the park. 第二位学生则说 Yesterday, he went to the park. And I went to the zoo. 第三位学生需要在重复前两位同学语言的基础上，再说出自己所去的场所。第四位学生以此类推。

三、以提问促倾听

在英语课堂上，教师可以提前跟学生约定好，表明教师会随时对每一位同学提问，让学生们做好准备。通过随时提问，不仅可以串联学生的语言，还可以促进学生们认真倾听其他学生的发言。在课堂上，教师可以在学生回答问题后点名问其他学生"What did he/she say?"让其重复之前学生的发言内容，并对能重复上来的学生予以表扬。在复习课时，我会给学生们设计砸金蛋的游戏，两人一组选择一枚金蛋，金蛋后面有图片和奖牌。砸到图片的学生让学力较弱的学生先根据图片说问句，伙伴进行回答。说对的学生给予奖励。对于其他学生，我会点名提问，重复之前同学们说过的句子。这样，绝大多数同学能够做到认真倾听他人发言。

四、以协同促倾听

在英语课堂上，教师要组织学生开展协同学习，这样不仅能最大限度地保障每一名学生的学习权利，还可以促进伙伴之间倾听关系的构建。学生们在协同学习时，先独立思考，再与伙伴讨论，完善自己的想法并试着说给伙伴听。在协同学习过程中，学力较弱的学生优先发表自己的看法，当其遇到困难时，主动地向伙伴寻求帮助。在这一活动期间，教师要给学生充足的时间，尽量不去打断学生们的讨论过程。教师要在学生身后观察学生，倾听学生们的发言。

五、以课题促倾听

在学习共同体课堂中，课题的设计分为共有课题和挑战性课题。挑战性课题的设计对于促进学生倾听关系的构建也起着至关重要的作用。对于课堂所学知识，每个学生的接受能力不尽相同，有的同学预习得很好，而有的同学准备得一般。这就造成了学生们的学习进程不一样。如果只是简单的词句认读和理解，基础好的同学就会觉得索然无味，慢慢地失了兴趣，也就不会再认真倾听其他同学的发言了。对于挑战性问题的设计，可以是基于单元与单元之间、教材之间相同或相近话题整合的开放性问题，或者是主观性的问题，也可以是以小组为单位改编或创编的对话表演。比如在讲到收集喜欢的物品时，可以让学生们互相说一说自己喜欢的收藏物及收藏数量；在讲十二生肖时，可以假设学生们能决定哪种动物排在十二生肖的第一位，让学生们互相说说自己会让哪种动物排在第一位并说明原因等；在对话表演时，要求全员参与，每个人都要有台词，这样那些学力较弱的同学就会问学力较好的同学自己想说的台词该如何去表达。在表演过程中，演员们要脱稿，这就要求他们必须要认真倾听伙伴们的语言，这样才能将本组的表演完成。

六、以评价促倾听

在英语课堂中，教师要发挥学生评价的主体作用，这样不仅可以有助于学生们良好倾听关系的建立，还可以帮助学生们在相互评价中取长补短，总结经验，规划学习。

在分角色朗读课文环节结束后，朗读者可以用英语"How about our reading？"来征询同学们对他们的评价，而其他同学也可以用"I think you are excellent/perfect/very good，because you read loudly/fluently/emotionally." "I think your reading is just so so，because…，and you need to practice more."等；在学生有读音错误时，其他学生还可以帮助其纠正读音，如学生在读"She read a book."时出现了读音错误，其他同学会说"A，you made a mistake. It's not read（音 [ri:d]），it's read（音 [red]）.A，follow me，read（音 [red]）. A 同学则需要跟着朗读一遍正确的读音，并说"Thank you!"，而帮忙纠正读音的同学则回应"You're welcome."随之，教师及全体学生给予他们掌声，如此，提供帮助的同学会有极大的成就感，也会有更多学生加入倾听他人帮助他人的行列中。

再如，课本剧表演及改编是挑战性课题之一，充满挑战性又富有趣味性，是孩子们最喜欢的课堂内容。在准备表演的过程中，学生们不仅要熟悉自己的台词、动作，还需要与伙伴沟通，一起研究道具的使用、站位及相互配合，所有这些因素，都要求学生们充分倾听小组内每一位成员的建议。对于观众，教师需要告诉他们在表演结束后，对上台表演同学的表现进行点评，不能仅仅局限于空洞的好或不好，还要说出具体的优点和建议，要能从其他组的表演上取长补短，点评过的同学要把机会让给没有点评过的同学。

倾听，听出课堂上真实的声音

北京市丰台区丰台第五小学　刘冬雪

在体育课堂中，学生学习各种动作，要么是看教师演示，要么是借助多媒体技术。可是，学生是否真正掌握了所学知识的要点，能不能准确地将动作做出来以及课堂中的实际效果则需要教师深入思考。我在体育课堂中引入学习共同体理念，将学生分成4人一小组，8人一大组，鼓励学生相互倾听和对话。在新授内容的课堂中，学生出现问题时，不再着急地找教师询问，而是先通过问同伴，相互讨论，再询问其他小组，以此类推，学生总能得到想要的结果。这其中，教师要有充分的准备，以应对学生在学习过程中产生的问题及疑惑。

一、"听"出学生的共性问题，及时利导，加快课堂进程

以往的课堂中，教师站在自己的角度考虑如何教学，如果学生没有回答提前设计好的问题，我就会及时提醒，将学生的思路拉回来。现在，我站在学生的角度思考学生的学习是如何发生的，也就是倾听学生内心的声音。

例如：在学习向右转走时，只给学生做出提示："大家都已经学会

了向后转走，现在根据向后转走，看看哪个小组能做出向右转，要关注转体时的细节。"学生接受任务后，立刻投入到了讨论中，我进入每个小组当中，认真观察和倾听。有的小组边做边尝试，有的小组从口令开始，每一个觉得自己做出来的小组都会找我来检验，很多小组都可以喊出正确的口令，但是动作上总是差一步。

通过对不同小组的倾听，我了解到了一个共同的问题：学生并未关注脚的动作。于是，我做出了一点提示："要想想自己平时是怎么走路的。"有一个小组似乎悟出了什么，于是就开始新的尝试，不一会儿就做出了正确动作，其他小组纷纷把这个小组围了起来，他们说出了转体后要先出右脚，而不是左脚。借此我继续追问道："为什么先出右脚而不是左脚？"学生的回答是："因为转体前出的是左脚，根据走路的习惯，后脚向前移，没有前脚连续向前移动的。"

学生在学习中遇到的问题各式各样，个别问题可以在小组内解决，教师要重点倾听学生的共性问题。共性问题往往需要教师进行引导，从而保证课堂进度和提高课堂的效率。

二、"听"出学生真正的困难，及时停留，突破核心重点

体育课堂不同于其他学科课堂，体育是实践类课程，思考往往是伴随着练习活动的。小组内发言人表述完自己的观点，要问："你们觉得怎么样，有没有不同的，说一说，咱们一起做做看。"

例如：在教授学生下压式传接棒时，给予学生提示：认真观看视频，看交接时两个人是怎样的，再根据"下压式传接棒"的字面意思，想一想交接时手的动作会是怎样的？

学生认真观看了几遍视频，组内便出现了讨论的声音。我感觉到很

多学生不知所措，好像困难重重的样子，我便对全体学生说："不知道就试试，毕竟实践是检验真理的唯一标准嘛。"学生们很快就投入了实践，在练习中，出现了掉棒、交接时机不对等情况，学生也意识到了，逐渐开始有针对性地进行讨论了。没过多久便有小组说出了交接棒哪里容易出问题，又说了交接时怎么才能平稳不掉棒，最后教师规范技术动作的准确性，使学生更明确做出正确动作的方法。

对于学生来说，看似简单的要求却不是一遍两遍就可以记住的，刚开始也会不习惯，这就需要教师在课堂上认真倾听学生在交流中的困惑，在关键点上进行适度的引导，帮助学生突破瓶颈。我坚信只有在倾听每个人的基础上做出正确的评价，课堂深入学习才可能真正发生。

三、"听"出学生的链接断点，及时介入，助力知识迁移

课堂本身就是一个对话的过程。那么，什么样的对话才能将学习引向深入呢？我认为，应该是基于独立思考后引发的对话。

（1）学科内整合，与原有知识对话。

在体育课堂上，我让女生们练习排球，开始学生练习得很好，不一会儿有几个女生满脸不悦地找到我，一个女生说："老师，我发球总是出界或者不过网，怎么办呢？"另一个说："我也是。"于是我就让她们发了几个球，马上就看出了问题。当时我没有直接指出问题所在，而是让她们思考："在学习篮球的时候，你是怎么控制球的方向的？"学生想了想，回答不上来。于是，我让她们上球场去试试。不一会儿，我发现学生的发球比刚才好多了，出界和不过网的现象也变少了，学生似乎也找到了窍门，脸上露出了微笑。

通过倾听学生的声音，可以了解学生已经掌握了很多的知识，只是

还需要引导迁移，在课堂中要多培养学生主动思考、联系、举一反三的能力。

（2）改变交流方式，实现与同伴的对话。

佐藤学说："现在所提倡的共同体学习，就像'交响乐团'，每一个人都能够在乐团中发挥作用，就像我们有不同的乐器，但是这些乐器汇聚在一起才能产生非常好听的声音。"

以往的课堂都是教师讲授学生听，大部分的课堂上只有两个声音："对"和"错"，千篇一律，而现在通过实现与同伴的对话，教师倾听到的声音多了，思路宽了，产生的思想碰撞开花了，学生相互学习，师生共同提升。

课堂中，教师在培养学生良好倾听和主动思考习惯的同时，对自身的倾听要严格要求，对教材要进行更深入的思考，努力研究更好的挑战性问题或者更好的问题思路，争取适应更多的教材内容。我也要不断地提升自己，以便更好地处理学生在课堂上的生成，促进学习的深入发生。

合理站位：教师的另一种倾听

——不同情况下教师的有效站位及行动路线

北京市丰台区丰台第五小学　邢　艳

不同教师在课堂上有不同的行动路线，高效促学的教师在课堂上的站位及行动路线对于推动学生深度学习起着不可忽视的作用。课堂上教师的行动路线是由每个学生在不同阶段学习所反映出来的不同学习需求而决定的，是教师高品质倾听以及敏锐细腻的课堂观察基础下的行动。

一、独立学习时

学生深度学习一定是从个体独立学习思考开始的，独立思考是学生自然、自主地卷入学习的前提。通过对低中高年级学生的访谈调研发现：班中有近 80% 的学生独立学习时，不希望有人靠得太近，特别是老师。这些学生多为内向或常会遇到学习困难的学生，特别是当班级学习环境建设还不够安全时，这种现象显得更为明显。

孩子们认为身边人的关注无形中会带来学习压力，使自己无法更加专注的学习，限制思考。基于调研，在课堂实践研究中我们发现，学生个体学习开始时，教师的站位分为两个阶段：

（一）独立学习刚刚开始时

提出学习任务学生开始学习时，教师静静坐在或站在能够纵观全班每一个学生学习状态的教室位置。一般位置可以在第 1 排学生左侧或右侧，此时的教室内只有学习者没有教师学生之分，教师也同学生一样，作为学习者进行同样任务的学习。

我们发现，当教师以学习者身份同学生一起静心学习时更能让学生感到平等安全，更加专注地思考，更有利于学生个体高效学习的发生，为学生深度学习奠定良好的思维基础。

（二）独立学习一段时间后

1.走近学生，了解需求，个别促学。

因学生个体学习差异、性格差异等因素的存在，当独立学习进行一段时间后，学生的学习进展就会呈现出不同水平的状态，此时不同学生就会产生不同的学习需求。这时的教师站在能够清楚观察到每一个学生学习状态的位置，仔细地察言观色。了解学生在独立学习时产生的不同学习需求，近观学生，进行个别有效促学。

（1）对于一开始，就没有发生学习的学生，教师要将学生重新引向学习轨道。

（2）对于遇到困难并且很长时间学习一直无法推进的学生，教师要根据不同情况帮助学生搭建学习支架，促进学生学习继续向前发展。

（3）对于思维活跃很快完成学习任务停止学习的学生，教师引导学生再次回归学习任务，将学生的学习引向深入。

2.走近学生，了解学情，关注进程。

当学生个体学习进行到一段时间后，教师走近学生，除了进行个别促学，让每个学生学习持续发生外，此时教师在不打扰学生学习的前提下，要走过每一位学生身边。其目的是了解每一位学生完成此项学习任务的进程和程度，为后面将集体学习引向学科核心问题的深度学习打下思维基础。

二、同伴互学时

当学生独立学习遇到困难或完成学习任务时，学生根据自己学习需求很自然地将个体学习转向协同学习，此时教师的教学行动路线是流动的，走到每个学习小组身边进行倾听、促学，这对于学生深度学习的发生以及推进起着举足轻重的作用。

教师的教学行走路线有以下几点决定。

（一）教师对于班中学习小组每个成员原生态的详细了解

1. 低年级学生由于年龄特点互学行为还没有形成，这时教师要尽可能流动到每个学习小组，更多的是进行互学指导，让小组"学"起来。

2. 无论低中高年级，对于因性格以及学习基础等因素造成的无法进入小组学习的学生，教师要先流动到这一学习小组，将学生引向小组互学状态学习。

3. 对于学习力较弱的小组，教师也要做到心中有数，先要关注，走到身边倾听，随后搭建合适学习支架进行促学。

（二）学生独立完成此项学习任务情况

因学习任务挑战性的不同，这时学习小组就会呈现不同"互学"状态。教师根据小组学习需求引导学生回归文本、问题，让小组成员的思维重新出发，或引导学生扩大学习组，向其他小组寻求帮助……

三、公共发表时

学习共同体强调以"学"为中心，与书本对话、与同伴对话、与自己对话是学习的途径。在课堂实践中，我们发现，公共发表是一个有趣的对话现象：学生在表达自己的思维过程时会不自觉地转向老师，很自然地将交流对象定位在教师身上，分析这一现象背后的本质原因，是因为学生内心将教师固化为自己重要的甚至是唯一的学习对象。面对这一现状，我们发现以下几点学生公众发表时教师的站位以及行走路线。

（一）走向两侧，让生生对话

当学生开始全班分享时，教师自然站在教室两侧位置，此位置一定是便于清楚看到发表同学的一举一动，以及能够清晰观察到每一位学生的倾听状态。一般情况站在教室两侧中间偏前的位置，可以兼顾发表学生及倾听学生的学习状态。我们发现当教师离开中心位置，站在两边，学生对话交流的对象逐渐转向同伴，来自发表时的紧张情绪，会逐渐减小，课堂越来越安全，发表学生越来越多，思考也越来越有深度。

简单的一个站位，背后透出的是课堂上教师要以每个学生的学习为中心，也是让学生意识到，课堂上同伴才是自己重要的学习对象，教师只是自己的学习伙伴之一，绝不是唯一。

（二）走向学生，给予学习支持

发表时学生一旦感到来自问题本身，或来自同伴评价的不安全因素

时，就会停止学习，此时教师要自然地走近学生，用柔和的语言以及肢
体动作，给予学生支持，成为学生此刻的学习依靠，减轻学生的心理压
力，使学生继续思考，持续学习。

用"记录"优化一年级学习共同体课堂

北京市丰台区丰台第五小学　程　嫚

所谓的"学习"就是同教科书的相遇与对话，同教室里伙伴的相遇与对话，同自己的相遇与对话。而对于相关问题的记录，倾听结果的记录不仅是支持共同体学习的有效方法，同时也是学生梳理思维，更加有目的地倾听、准确倾听的必要手段。

有人会疑问：一年级的学生刚刚入学，大字都不识几个，怎样记录？有必要进行记录吗？我的回答是：当然有必要记录，同时也有相应的方法。一年级的学生有以下的年龄特点：一年级学生的思维仍有很强的具体形象性，他们的思维活动不善于服从一定的目的任务，容易被一些不想干的事物吸引，以至于偏离目标任务。记录有助于提升一年级学生的学习任务意识，提升学生按照一定任务意识学习的能力，可见，记录是提升低年级学生学习质量的重要手段。

一、关键问题的关键圈画——使倾听与讨论有的放矢

一年级的学生由于听说能力较弱，所以引导学生学会如何在一个关键问题中准确地提炼出关键信息，极为重要。所以教师提出关键问题

后要引导学生在讨论的问题上将关键信息进行圈注或是标记，在此基础上，如果并不是每人都有作业单，教师可以每提出一个核心问题，就引导学生集体进行标注记录，引导学生明确讨论和学习的目标。例如在数学中解决问题时，学生对于出现大括线的题不能很好地进行解决，我就在复习课中引导学生通过观察两道大括线题的相同、不同以及分别所用的方法及原因找到办法。由于问题较多，我给每一组都发了讨论的例题和题目，并且引导学生读一读、看一看题目问了几个问题，关键词是什么，需要我们分几步进行解答，两个人进行圈画与标注，带着明确的任务，有计划，有层次地进行讨论、倾听，这样的记录，使学生有的放矢的思考、交流、倾听，有助于培养学生良好的学习品质！

二、分享与质疑的标注与思考——将"不懂"跃然纸上

在研究共同体这三个月中，使我感受最深的就是要鼓励学生敢于发问，就像在《教师的挑战》一书中所提到的——直言"不懂"的课堂。"不懂"激活了儿童学习的原动力，那么学生的"不懂"由谁来解决呢？当然，还是学生。这就需要孩子们在小组学习中相互交流、倾听、答疑，当遇到小组也无法解决的问题时要引导学生一同抽丝剥茧地进行解决。在此过程中，对于了解、质疑的标注就显得格外重要。记得看张珵老师的语文活动《画鸡》中，老师依照最后的一句"平生不敢轻言语，一叫千门万户开"，提出核心问题："读了这一句，看一看有哪些读懂了，用一种符号标记；哪些没读懂用问号标记；哪些通过讨论解决了，用另一种符号标记。"孩子们通过小组学习，很快就对三种情况进行了标记，并在小组的集体分享中大家共同解决了问题，从而又提出了新的问题："为什么公鸡平生不敢轻言语呢？"通过标注，孩子们分层次地解决了

学习中的问题，先个人，再小组，最后集体。使学习层次显而易见。这样有效的学习方法促进了分享与质疑的目的性，让学生的"不懂"跃然纸上！

三、梳理两人思维的记录单——从个性展示到规范应用

在学习共同体中，我们常常接触到作业单，但是我所实践的记录单与作业单还是有一定区别的。记录单是一张白纸，这也就意味着孩子在整理自己思维、完成任务时，思维是不受限制的，可以将自己的想法依照自己的喜好进行记录。正如在进行数学活动"认识钟表"时，我们将知识点回归生活，引导学生进行放学时间的安排。我提出核心问题：想一想我们放学之后都需要做哪些事情？什么事必须做，什么事是自己想做的，什么事是可以选择的，请小组讨论，并且依照自己的方式进行记录。白纸上只有我的核心问题。孩子们圈注关键词之后开始进行讨论，讨论后将自己的安排写在纸上。在没有固定格式的记录单上，我们会发现每个孩子的记录不仅内容不同，而且形式也不同。在分享环节，孩子们展示了自己的时间安排，同时也相互学到了不同的记录方式。白纸式的记录单没有将小组学习固定在一个框架里，而是在尊重孩子主体性与自主性的同时，梳理了思维，让分享有依据，倾听有对比！

又如江玥老师上过的一节"认识图形"的活动课，小组式的交流过后，孩子们进行分类并说明理由，由于没有进行记录，一年级的学生组织语言能力较弱，表达相对生疏，教师在梳理的过程中显得力不从心。第二次的同课异构中，江老师提出核心问题：分一分、记一记。孩子们明确了解决问题的步骤之后，通过小组商讨，在白纸上进行记录。如果小组内出现了分歧，每个孩子都要进行自己的记录，以便分享。好脑子

不如烂笔头，这样的记录单，不仅培养了学生记录的习惯，梳理了学生解决问题的思维过程，同时也为集体分享、问题的再解决提供了依据！

　　简单的记录是倾听的目标，是讨论的依据，是梳理思维的过程，同时也是培养学生良好学习品质的重要途径。学习共同体课堂中，多元的记录真正做到了以学生为中心，它是与学生相联系的纽带，是学生胸有成竹应对的基础，更是优化学习共同体课堂的重要手段。

第五章

如何建立互学关系

"相互教"和"相互学"有什么不同

北京市第十八中学 郭秀平

佐藤学教授认为，在学习共同体内，学生之间不是"相互教"的关系，而是"相互学"的关系。从表面上看，"相互教"和"相互学"都是学生之间的相互帮助，应该没有什么不同，但其背后体现的教育理念、教学方法、学生关系、发展关系、培养目标等有根本的不同。

首先，体现了两种不同的教育理念。"教"与"学"是课堂教学最主要的矛盾关系，以"教"为中心和以"学"为中心是两种不同的教育理念。"相互教"体现的是"教"为中心的教育理念，"相互学"体现的是"学"为中心的教育理念。在学习共同体内，强调学生要"相互学"而不是"相互教"，说明学习共同体要求践行以"学"为中心的教育理念。

其次，体现了两种不同的教学方法。讲授法是教师运用语言系统连贯地向学生传授知识、引导学生学习的一种教学方法，是一种历史悠久的传统教学方法。如果在学习共同体内强调学生之间要"相互教"，由老师讲变为学生讲，没有从根本上改变讲授法，只是将"教"的权力由教师下移到学生，本质上仍然是一种讲授法。在学习共同体内强调学生之间要"相互学"而不是"相互教"，说明学习共同体反对讲授法，提倡"自主、合作、探究"的学习方式，旨在解决讲授法教学的单向性、专制性、被动性等缺点。

体现了不同的学生关系。"相互教"体现的是单方的权力关系，"相互学"体现的是相互关爱的关系，体现的是每一名学生都作为主人公互相合作学习、共同提高的关系。在学习共同体内，没有哪个学生是高高在上的，哪怕他的成绩遥遥领先。在学习共同体内，没有强制性干涉，只有自由和平等；没有歧视，只有尊重；没有嫉妒，只有欣赏。在学习共同体内，学生之间要形成非常深厚的信赖关系，要处于一种非常放松、自然、有安全感的状态，在良好的协同学习氛围内进行融洽地沟通和交流。在学习共同体内，学生之间还要形成互相关怀的意识，体现出温暖和爱心。学力强的同学能够感受到有的同学不会，能够认真、主动地帮助学力弱的学生，要跟他一起去思考，去帮助他思考，他为什么这么想，他为什么做错了。

体现了单向和双向不同的发展关系。"相互教"只是学力弱的学生的提升，体现的是一种单向的发展关系。"相互学"旨在双方都提升，体现的是一种双向、互惠的发展关系。在"相互学"的过程中，同学之间进行相互沟通和交流，学力强的同学在帮助学力低的同学的同时，会认真倾听对方的思考，从而产生自我启发，重组自己的思考，使自己的思考进一步升华。在"相互学"的过程中，学力强的同学得到同伴的认可，是对自己观点正确性的一种证实，能够增强自信心，由此满足自我实现和自我发展的需求，唤起积极情绪，提升学习效率。

体现了不同的培养目标。"相互教"体现的是提升学生的基础能力，而未来需要具有沟通能力、探究能力、交流能力的人才，需要依靠他人的力量，基于协同、合作来完成一项重要任务。所以，当前的教学要专注于培养学生的沟通能力、探究能力、交流能力，而不是基础能力。"相互学"不是学生之间对已经会的知识进行交流，而是合作、探究尚未掌握的内容，使思维得以不断地拓展、深入，旨在提升学生的沟通能力、探究能力、交流能力。

构建学习共同体中互学关系路径探究

北京市丰台区第八中学　郭向宇

师生学习共同体恪守"主体间性"，在教学中加强师生互动，教师要学会"翻转课堂"，摆脱传统教学，开展讨论式、案例式教学，努力营造民主、平等的课堂氛围。在师生学习共同体中，师生之间通过互相尊重、协同和对话，使得学生在参与互动中实现知识运用和自我成长的有效融合，在不同思想观点的碰撞和反思中增强学生的参与意识以及对知识的理解深度。

一、以尊重倾听为互学之基础

在构建学习共同体的互学关系时，尊重倾听的理念发挥着基础引领作用。这里体现的不仅是学习资源的共享，还有学习过程的共同参与和成果的共同创造。通过共同的努力实现知识的增长和能力的提升，在学习共同体的学习中，每个成员都要参与到学习之中，需要不断探索以及和他人产生交流，交流的标准应当体现出拓宽视野、深化理解。

在学习小组创建之始，要让学生知晓分组的理念并不是单纯的强者帮助弱者，或者弱者在组内的简单求助，而是每一个人都要作为必不可

153

少的一分子发挥作用，每一个人都是串联的作用，每一个人都可以做启发性对话的发起者，每一个人都是进步的阶梯，所以组内是平等的，是应该互相倾听和尊重学习的。

除了小组成员之间的互学之外，还需要教师起到串联的作用。在课堂中，教师的走位以及语言也很关键。师生之间的尊重倾听是其他同学之间互相模仿的示范，教师应该循环走位到每一个学习小组旁边，俯身听取学生的困惑和问题，耐心指导，对于回答问题的学生表示赞赏，鼓励其进一步发言。

二、以协同学习为互学之关键

协同学习在建立学习共同体中的互学关系方面起到了至关重要的作用，它强调学生之间的合作与互动，通过共同完成任务和解决问题促进学生之间的交流与合作，从而建立紧密的互学关系。

学习共同体组内需要发挥学生的团队协作精神和沟通能力，在学习过程中需要学会倾听他人的观点、分享自己的见解，并通过讨论和协商达成共识。通过分工合作、资源共享、互相监督等方式，共同解决问题，提高学习效率。

在小组的协同学习中，激发每个学生发挥自己的特长和优势，为小组的成功作出贡献。通过使学生感受到自己的价值和能力，从而提高他们的自信心和自尊心。与此同时，通过与其他学生的交流和合作，学生们还能够发现自己的不足之处，进而进行自我调整和改进。

三、以探究式对话为互学之根本

在学习共同体中，探究式对话是建立互学关系的核心环节。知识分享有助于扩大学习共同体的知识库。每个成员都有自己独特的学习经历和知识背景，他们分享的内容往往涵盖了不同的学科领域和实践经验。这些多样化的知识资源为其他成员提供了宝贵的学习机会，使得学习共同体能够成为一个知识汇聚和交流的平台。

探究式对话就是成员之间深度互动的方式。在分享知识的过程中，成员们往往需要对自己的观点进行解释和阐述，这就引发了深入的讨论和交流。这种互动不仅能够加深对知识的理解，还能够培养批判性思维和解决问题的能力。通过分享和交流，成员们还能够建立更加紧密的联系和信任关系，为进一步合作学习打下坚实的基础。

丰台八中为培养学生的探究式对话能力，采用了一些方法以供借鉴，首先，各个班级都召开了以探究式对话为主题的班会，从语言入手，常用的探究式语言都有什么；再划分学科，不同学科的探究式对话语言又可以有什么区分。在经过三次主题班会的研讨之后，将班级文化外墙进行优秀研讨结果产出的展示，以软文化浸润探究式对话氛围。其次，相应学科教师在常规课也注重对学生探究性语言的培养，实现年级和学科的双轨培养机制。

让小组互学真实发生

北京市丰台区丰台第五小学　李　莉

随着越来越多的观察员走进课堂，走进小组，我们也发现了一些学生互学中产生的问题：许多时候，学生在一起讨论并不一定有真正的协同，有对话也未必产生真正的学习，有些发言之间并没有产生关联，而是简单机械的重复，浪费了学习的时间。

如何让小组互学真发生呢？我认为要做到以下几点：

一、创设氛围、建立机制，让互学真发生

（一）利用教室环境，创设互学氛围

"让每一面墙壁会说话"，这是教育家斯霍姆林斯基的一个著名观点。目的是让校园的每一个空间，都具有潜移默化的育人功能，即"环境育人"。这一观点同样适用于我们共同体的课堂，所以要利用好教室环境，将共同体互学的理念"润物细无声"地传递给学生。例如"静心听、深思考、会表达""会求助、会互动、会质疑、会提升""静心听、用心思、轻声说、展不同""同伴交流眼神随，交流碰出新思路，共同

探讨疑惑点，集思广益聚智慧"。这些小标语体现出在互学中既关注倾听，也关注思考、质疑、求助和表达。不仅如此，我们还制定了三年级学生小组互学关于倾听、表达及音量控制的要求，让每名学生压在桌垫底下，每天看一看，久而久之养成良好互学习惯。

（二）建立互学机制，感受互学价值

佐藤学说："学习共同体就像交响乐团，每一个人都能够在乐团中发挥作用，就像我们有不同的乐器，但是这些乐器汇聚在一起，才能产生非常好听的声音。"不同的学生对事物的理解与感受不同，视角不同，有的甚至不正确，这正是合作互学不可或缺的互动性资源。

在小组互学之前要让学生先独立思考问题，每个学生有了初步想法后再进行探究交流，鼓励小组全员参与，人人发言，特别是弱势学生，要有优先发言的机会，如果没有想法，就要在组内大胆地说出"我不懂"。小组其他成员在发言时不能只想着表达自己的想法，要在讲解自己解决问题的方法时，有重点地针对他人提出的"不懂"，抓住关键点进行讲解分享。提出"不懂"的学生要带着问题，集中注意力倾听，在听后能在小组内进行交流反馈，实现组内成员的有效互助。在互学的过程中，学生通过交流、互助、碰撞、质疑、补充、完善，获得更全面、更准确的结论，实现分享与互助的目标，感受互学的作用和价值。

二、精心设计问题，让思考互学持续发生

协同学习不仅仅要有互学的氛围，课堂教学设计还要有深度引导的问题，借助问题设计激发学生互学的积极性。

（一）通过问题设计，促方法多样化

例如，我所执教的《认识长方形与正方形》一课，在小组互学的环节，让学生验证长方形与正方形的相同点与不同点，要求是：看看那个小组的方法多，这样学生就不会停止探究的脚步。通过小组互学，学生想出了数一数、量一量、比一比、折一折等多种方法。互学问题的设计，为学生提供了深度思考交流的桥梁和平台，深度体验的时间过程，如此才能达到真正意义上的协同学习。

（二）通过问题设计，促学生与文本深度对话

《美丽的小兴安岭》这一课，教师原来设计的问题是：同学们最喜欢小兴安岭的哪个季节？美在哪里？和小组同学说一说。在试讲后发现学生画完一处后就待在那里，讨论不充分，甚至文章中大部分内容学生都没有关注到。再讲这课时将问题修改为：小兴安岭美在哪儿？看看谁发现美的地方多？谁能抓住重点词语画批感受？自己画完、批完可以和小组同学互相交流一下。原来的问题，只落实到小组内简单交流自己画批了什么，不能真正引发学生对于问题的深度思考。而改变后的问题，能够激发学生的学习积极性，学生的思考没有停止，努力想发现小兴安岭更多的美，并用简单语言批注自己的感受，做到通过与文本对话，有依据地进行表达。

因此，在教学过程中应让学生有足够的时空去思考，需要学生互学的问题要有层次性、探究性、开放性。小组互学要实现不同方法的交流与分享，让学生明确这里的分享是接着讲、补充讲、质疑讲，绝不是重复讲，从而让交流分享真实有效而不是流于形式。

三、教师适时介入，让协同学习顺利开展

（一）走进小组，关注讨论话题走向

在学生互学交流的过程中，课堂随时都会有意想不到的问题产生，有时恰恰是学生思想闪光的地方，因此教师的适时介入尤其重要。这就给我们提出了更高的要求，要利用每节课，有重点的走进每个小组，及时发现和解决每个小组的问题。

（二）适时介入，针对情况分类引导

对小组活动开展顺利的要及时予以表扬，并作为例子在班中重现互学的过程，为其他小组做出示范，让其他小组学着他们的样子说一说，或者想一想遇到他们小组这样的情况，可以怎样说；对任务不清楚的小组要耐心说明，让学生先读一读或用自己的话说一说要解决的问题是什么，先静下心来想一想再开始交流；对提前完成任务的小组要及时蹲下去倾听、检查并布置新任务，如想一想还有没有其他方法，或小组内先说一说通过别人发言，你有了什么新想法，从而推进学生思考，让交流继续；对出现问题、偏离主题和讨论受阻的小组及时制止或指导点拨，提供一些解决问题的支架或策略，如在数学课中的画图策略，语文中的联系上下文及联系生活实际、展开想象等方法，从而保证协同学习顺利开展。

《静悄悄的革命》"前言"中小林老师说："判断自己的工作究竟好不好，只需看教室里每个学生的表情、学习的姿态，看他们是否在持续学习。"作为教师的我们一定要不断修炼自己，大胆实践、做自己课堂的观察员，及时反思完善，促小组互学真发生，奏响共同体课堂最美的乐章！

打造适合协同学习的空间

北京市丰台区草桥小学　石朝霞

佐藤学说："学习是同客观世界的对话，学习是同伙伴的对话，学习是同自己的对话。"在这样的表述中，我们感受到伙伴关系的重要。因此，我们构建学习共同体协同学习课堂首先要建立伙伴关系。让学生学会协同学习，需要先创建安心的共同体文化氛围。

一、营造轻松的学习氛围

不管是在课堂教学还是在课余学习上，学习活动的组织者都要为学生的学习活动创造一个轻松的学习环境，鼓励学生提出问题、畅所欲言、集思广益、大胆表达自己的意见和看法，所以教师要善于优化学习环境，让学生置身其中，激发其进行讨论、研究、学习的愿望。在共同体课堂上的每位老师都面容平和、脸带笑意、语调轻柔；每一个学生，都会在老师面前稳稳站住，行鞠躬礼，笑着说："老师，您好！"在这样的气氛中，如果我们大声说笑，会突然觉得自己有些粗俗。在每一节课上，孩子们都能专注倾听、互相帮助、勇敢表达。

二、引导学生协作

转变学生学习观念，让协同学习成为学生的自觉行为。这首先需要让学生具备协同学习的思想和协同学习的动机。

1. 教学中渗透协同学习思想。

在平时的教学过程中要有意识地对学生进行协同学习方面的思想引导。只有通过有效的协同配合，各项工作才能顺利开展。学生明白了协同的重要性后，自然会在头脑中形成协同学习思想。

针对这样的问题，我尝试在数学课上，努力引导孩子们上幸福的数学课，我会在课堂上多次告诉孩子们"有不懂的地方要请教同学""不懂要问""有完成的同学，和同伴分享，但不能帮他算"。"要关注别人的发现，对你有什么启发？""一边听，一边记下来，听得入耳入心，这才是最大的收获。""抓住一点，你可以赞同，也可以反驳，但一定要有补充或依据。"……引导孩子们在课堂上安静地交流，勇敢地发表与求助，大胆质疑推进，去学会协作学习。

2. 让学生知道协同学习的重要性。

伸展跳跃性的问题会促进学生进行协同学习。在教授三年级作文课时，我设计了这样一个伸展跳跃的问题：作为小导游，向游客们推荐最有趣的机器人。要求：（1）明确目标——最有趣的机器人。（2）写出这个机器人的特点。（3）文字简洁，语句通顺。

这样一个伸展跳跃的问题具有两个功能：首先，对本节课所学知识进行梳理归纳。学生要想写推荐，必先掌握机器人的特点，这正是前半节课集中解决的主要问题。课堂最后的 5 分钟，要让孩子整理一堂课的所学，可以记录日记或报告，如写一写：我学到了什么，还有什么疑感；我今天哪里做得比较好，哪里做得不够好；×××的话对我有启发，我想到了什么；课本中的哪句话很好，让我想到了什么……这一过程实际上是在关注孩子学习的质量。

这样的环节目前在我的课堂上还没有过多的涉及，我觉得很有必要加强这一环节。

3. 在学习活动中善于培养学生的责任心。

只有具备了责任心，协同学习的效率才能得到提高。教师在安排学习活动时就要让学生明确自己的任务、职责，并分工协作，增强学生的协同意识。要让学生知道，只有人人参与、分工协作，任务才能完成。

三、培养学生良好的协同学习习惯

良好的协同学习习惯是协同学习取得好的效果的重要保障。教师在平常的教育教学活动中要善于培养学生协同学习的习惯，如培养学生积极思考问题、积极发言、敢于表达的习惯，培养学生善于欣赏他人的习惯，培养学生学会倾听的习惯，培养学生敢于实际动手操作的能力，培养学生交际的能力。

协同学习是培养学生创新精神、探究能力、合作意识和技能的重要学习形式。如何让学生真正有效地进行协同学习，还需要我们在教育教学过程中不断探索、不断研究、不断改进。相信通过继续创建共同体课堂的文化氛围，定能找到一种更佳的学习方式，使这种学习形式更合理有效。

真交流　真包容

北京市丰台区丰台第五小学　孙　阳

个人的能力有限，小组伙伴之间的交流是真正能够通过碰撞，达到螺旋上升的。但由于学生个性不同，如何做到既包容他人，又包容自己，小组间的协同学习究竟该怎样发生，我们一直在不断摸索。

一、交流前的独立思考

每次小组交流前，一定给学生独立思考的时间，自己没有想法是不能和同伴进行交流的，因为那样学生只是在听，而无法和自己的想法进行对接与交融。

二、交流中的有效倾听

在学习"重叠问题"时，我观察到的小组情况：

生1：我觉得这跟方阵一样，有两个人重叠，所以要减2。

生2：是两次，这个人去了两次，你减去一次，只剩下一次，那让他们去哪个小组呢？

生1：（犹豫）那书上为什么列这个方法呢？有什么意义呢？

（两人都迷惑不解，陷入沉默。）

生2：我认为可能有6、7、8、9、10、11人

$6+5=11$

$6+5-1=10$

$6+5-2=9$

生1：你等会，减1是怎么回事？

生2：重叠啊，还可能是9人……

通过观察这一小组的学习，我们可以发现在小组中，有的学生反应较快，他在小组中就会占有较高地位，而剩下两名学生，因为自己本身一知半解，有想法却不完全理解，处于迷惑状态。如果明白的同学完全不理会别人在说些什么，不明白的学生也不会去追问，不究其根源，最终结果定是两者都不会有提升。

好的互学关系，一定是在交流中，每个学生的学习真正发生了，组内的每一个学生才能真正平等地去倾听他人的想法、他人的困惑，并能提出自己的不解，彼此间真正交流起来，促进对知识的理解。

三、倾听后的自我对接

倾听过他人的想法以后，绝不应该是听过且过，一定要有与自身对接的过程。他人的想法对我是否有启发，我们的交流是否一致，都需要学生自身有判断、有思考、有融合。

在学习"数量关系"这一部分内容时，学习单内容如下：

1. 解答下面各题。

（1）苹果8元/千克，买3千克苹果需要多少元？

（2）瓷砖 15 元 / 块，买 160 块瓷砖需要多少元？

（3）每张车票 383 元，买 2 张车票一共需要多少元？

2. 说一说每个数学信息和问题的含义。

3. 这三道题有什么相同点？用一个算式表示数学信息与问题之间的关系。

小组交流：

生 1：数量 × 单价 = 总价（其余三人无反应）

我：你们知道这个吗？（其他三人摇头，然后有意识地将生 1 的内容补充在书上。）

生 2：我发现这三个式子都是乘法，单位都是元，都是单数乘以双数。

生 3：单数 × 双数是什么意思？

生 2：你看 3 × 8，160 × 15，383 × 2 都是一个双数乘以一个单数。

观察这一次交流过程，生 1 在提出他的想法后，剩下三人都没有给出任何反应，没有交流的欲望。而在生 2 提出他的想法后，生 3 不明白立即进行询问，我想是因为剩下的三人对生 1 的想法完全不理解，而且也只是一个概念性的结果，跟他们自身的想法差距比较大，难以与自身已有经验进行对接，所以产生不了交流。而生 2 的想法是过程性，符合生 3 的已知，不理解部分有解决的需求，进而产生交流。

从这里我感受到，学生交流一定要有对等关系，是要从发现的过程找到自身的价值，找到"存在感"，只有他有了自己的思考，愿意去分享，愿意接收，并且能够与自身勾连时，学习才会真正产生。

四、成员间的真心赏识

我坚信："三人行，必有我师。"我们班的座位一直是全部打散，自己抽签决定的，可能这一周能挨上各方面较好的学生，也有可能碰上能力较弱的学生，这就是培养学生的交往能力。只有让他们去接触不同的伙伴，才能发现自身与他人的区别，才能吸收不同的想法，不断去调整自己。最开始的时候，学生会出现接受不了的情况。有一次，班里大队委写随笔，就写因为和一个纪律不好的同学同桌了，很不开心，但是慢慢接触下来，发现这个"小调皮"虽然纪律有时会不太好，但当他专注于一件事时，是非常认真的，发现他和之前认识到的他不一样，她也要向"小调皮"学习。在那一刻，我认识到这样的调整方式是非常有意义的。在这个过程中，不断加深对同学的了解，相互赏识，促进了互学的实效。

合理搭配　提高协同学习的实效性

北京市丰台区丰台第五小学　隗浩然

为了班内孩子能够和更多的同学学习交流与合作，我对班内的座位采取了两周大轮换、单周小轮换的策略。每两周就会换一下合作伙伴，带给孩子们的是新鲜感和对不同学生学习方式之间的包容和接纳。有的学生可能理解能力较弱一些，但是他们能够直言自己的不懂；有的孩子可能思维敏捷，但是他们不能够面面俱到。所以在两周大轮换中我会亲自指定座位。这样无论弱弱搭配还是强强联手，抑或是随机组合，大家都能一起学习，只不过协同学习的伙伴却是由"缘分"决定。

一、弱弱搭配留一手

在观察学生学习四则运算解决问题一课前，我通过前测卷，发现孩子们对这种类型的题目大多数已经掌握，并且能够先列出分步算式再列综合算式。但是孩子们对运算顺序的掌握还是不够扎实。另外，只有两个学生对此内容属于完全不会的状态。

我让学生们针对"例1中有哪些数学信息，根据你找到的数学信息，你有哪些有价值的发现呢？"这一问题展开思考，并进行小组沟通学习。

3分钟的自我学习时间结束后，各小组迫不及待地进行了交流。我观察的小组是刚刚调整好的小组，分别是小琪、笑笑、小迅、小沫。这一小组除了小沫，其他人都是班里比较有特色的孩子。小迅，脑子不笨，但是懒惰，在前几周的小组学习中基本上处于纯粹的倾听者，没有任何的意见发表。小琪，班里最会玩的孩子，对学习不感兴趣。笑笑，聪明淘气，表达不清楚。我原以为这一小组会以小沫为主导。但在观察中，笑笑作为了第一个发言者，立即找出了相关信息，并且有针对性地进行了分析，阐述了她认为自己找到的内容有价值的原因。而小迅竟然能够主动去给笑笑补充，他说："图片中有3个小人儿，每个人都推走了18包书，这也是数学信息，通过这个信息就能知道推走了多少。"小沫很稳重，她成了最后的总结发言者。但是学习并未结束，小琪对他们的发言进行了大胆地提问："你们说的都很有道理，但是我还是不太清楚为什么要列成130-18×3。"小琪竟然能针对自己的不理解进行提问，说明在这样的环境里，她觉得自己是安全的，是可以被接纳的。小组同学在不断地给她讲解的同时对知识的掌握得以升华。

有的时候让一些有特点的学生坐在一起可能会有比较有意思的故事发生，就像这一组，他们虽然在学习中略显吃力，但在这样安全的氛围里推动了学习的发生。

二、随机分配自由行

在不同的课堂上，我会针对课堂内容或相应学情随机分配小组，打破原有的组别，临时成立小组。

在学习古诗前，我给学生们布置了预习任务。学生可以正确朗读，大部分同学已经能够背诵，并且在前期的交流中，能够针对诗句内容叙述诗意以及手法等。所以我在给学生讲古诗的时候进行了大胆的尝试——画中学！

我带领学生穿越回唐朝，在时空机里，因为种种原因，我们和自己原来的同伴走散了，需要现场组合 4 人小组。随机建组后，学生们带着新鲜感进行了小组学习。同学们开始对本篇古诗的内容展开想象，对《鹿柴》这一首诗进行讨论，把预习的成果进行小组交流。

交流时，有的说诗句意思，有的说诗人王维写这首诗时的心境，并能借助诗句进行情感分析。很简单的一篇古诗，在小组交流中变得丰富多彩。陌生的小组成员并未影响学习，相反，对学习充满了激情。交流结束后，大家对古诗内容的理解更加深刻了。这时，我把王维的画展示出来，并提出问题：你们想不想和王维一样成为一个多才多艺的人呢？于是大家开始根据自己在唐朝的见闻绘制《鹿柴》图。

在绘制前，我让学生们对自己想绘制的内容进行了设想与释义。在小组内充分交流后，学生们大显身手，纷纷行动了起来，有的学生逐字逐句地去绘画，有的学生把四句诗放在一起制作出一幅画。等学生完成绘图后，让他们再次互相讨论交流，说明自己绘制此内容的依据与想法，使学生再次回归课本学习，并在小组交流后进行简要的全班展示。

这样的学习方式让学生对古诗学习的兴趣更加强烈了，同时在小组的交流中，对古诗文的理解也更加深入了。特别是班里几乎不发言的文文同学都能主动上讲台讲解自己的画与诗句内容的联系。

未来的学习中，和同学协同学习不可能只是这样一个或几个伙伴，他们将要面对的是更多的人、更复杂的问题。用小组搭配的方式进行教学带给学生的是一种方法和态度，让他们学会和不同的人进行协同学习。通过协同学习他们会更加欣赏同伴，发现同伴的优点，真正去倾听同伴的发言，学会交流与合作，班级氛围也会越来越活跃。

数学课上"问与学"的时机

北京市丰台区丰台第五小学　曹　玮

学习共同体的信息交流功能是学习者与辅导者进行交流，同时又与同伴进行交流和合作，共同建构知识、分享知识。

一、在新授内容尝试时组织共同体协同学习

学生在数学学习中不断地掌握新知识，但有的知识光靠教师苦口婆心地讲、学生反复机械地训练，不仅会耗费大量的时间精力，学生还不一定能掌握得好，所以在教学中，教师不要做学生思维的保姆，不能简单地将知识传授给他们，而要努力地拓展"研究"的时空，有所选择地采用学习共同体合作学习的形式，让学生在广阔的、开发性的时空中，将知识转化为自己的果实，通过合作学习找到解决问题的办法。

比如在教学"圆面积"时，理解公式的推导是本课的重点，书上介绍了用割圆术、画方格和转化圆为长方形这三种方法。如果只是按照书本教学的话，不能启发学生思维的发展。教学中我采取让学生自己先动脑动手画的方式，再在学习共同体中交流方法，依据我们一直在沿用的学习单，学生积极性很高，思维活跃，想出了很多方法，突破了教材的

局限。割圆术在学习周长时已经有介绍，而方格的方法在学习不规则图形估算时就用过这个方法。在这个过程中，学生们可以用已知来学习未知。而第三种方法转化图形，把圆变成已知的图形，如平行四边形、三角形、梯形和正方形，也能推导出圆的公式。学习共同体成员从别人的发言中得到很多启发，获得更多的知识、方法。在交流中我设计了三个方法，采取同桌互助的形式进行练习，即一位同学讲解自己的方法，另一位同学倾听后指出问题或者指出自己听明白了什么。我想，如果平时的教学中经常这样训练的话，对学生帮助是很大的，既能发现不同的思考方法、解题思路，又能对学习有困难的学生提供帮助，发挥团队合作精神，使学生在学习共同体合作中敢想、敢做、敢说。

在新授课中合理地运用学习共同体合作学习，能让学生拥有主动权，改变了单纯的教师教算法，学生被动接受的局面。凡是通过学习共同体能解决的问题，就放手让他们自己去解决，这样学生才能积极、主动地参与到教学活动中去。

二、在解决教学难点时组织共同体协同学习

对于学习的难点，教师直接告诉学生解法，学生可能很快明白，但以后遇到类似的问题，还可能出现同样的思维障碍，而且学生的记忆也不会太深刻。而如果采用合作学习的方式，让学生亲身经历问题的解决过程，能有效地促进学生对知识的真正理解。

在教圆组合图形时，我提出问题：每次取出两个圆，会有怎样的情况？对称轴的结果会怎么样呢？你会吗？看看你能有什么新发现。（然后让学生采取学习共同体合作的形式）学生的积极性一下子就被调动起来了，马上进入了状态，兴致勃勃地按要求动起来。学生通过亲自动手

排和画得到了结果，自然就从感性上明白了"圆的位置和大小决定对称轴"的道理。同时借助学校的多媒体，让学生动手操作，挪动圆，看到整个运动的过程。之后还可以加入第三个圆、第四个圆……

小组合作学习中的互动性，把学生由传统的班级教学中单纯的旁观者转变成教学活动积极的参与者。通过合作学习，使学生个体从他人不同的观点及方法中得到启迪，理解得更丰富全面，学生的学习能力、解决问题能力大大提高。

三、在探究多种答案时组织共同体协同学习

每一个学生身上都潜藏着极大的智慧和才能，在教学时，能放手就放手，要让学生有施展才华的机会。由于学生个人认识问题的局限性，有些数学问题单靠一个人往往很难回答全面，如果采用合作学习的形式，让组内的每个成员相互讨论，相互补充，相互启发，可促进学生解题思路的快速生成。比如：在 3，5，7，（ ），（ ），（ ）后面的括号里填数，使这些数具有某种规律，并说明有怎样的规律。在学生独立思考的基础上，组织学生合作学习。在学习共同体学习中，每个人都发表了自己的见解，还有的学生从别的学生那里得到了启发，因而找到了可以在括号里依次填入 9，11，13，使这列数从第二个数开始，每个数都比前一个数多 2；还可在括号里依次填入 11，17，27，使这列数从第三个数开始，每个数都是前两个数的和减 1……学生在和谐的讨论氛围中，激发了参与学习的欲望，学会了全面思考问题的方法，拓展了解题思路，体验到了合作学习的快乐。

在小学数学教学中，学习共同体协同学习使认知能力尚处于孩童阶段时期的学生发挥群体交互的优势，是避免遇到挫折而带来失败感的一

种行之有效的方法。此外，教师还要积极参与学生的协同学习过程，了解进展情况，引导展开讨论，指导协同探究，及时鼓励有创意的见解，科学评价协同学习的过程和结果，只有以新课程倡导的理念为指导，加强实践，数学课的协同学习才会收到良好的学习效果。

利用学习单促进协同学习

北京市丰台区草桥小学　董雪楠

"独学而无友，则孤陋而寡闻。"在学习共同体的学校改革中，小学低年级的课堂一般都采取全体学习与两人一组的成对学习方式，以协同学习为中心组织课堂。佐藤学教授在《学校改革：学习共同体的构想与实践》一书中提到，"为了不让任何一名学生掉队、保障每一名学生的学习权，没有比基于协同学习的同伴间互相合作学习更有效的方法了"。

以外研社版一年级下册第八模块的第一单元为例，说明我是如何借助学习单引导学生通过协同学习的方式去促进英语的口语表达能力的。

【案例1】学习单的作用。

1. **What clothes are they looking for?** （listen and tick）

shirts	socks	shorts	hats	shoes

由于本课课文较长，难度较大。因此在"新授"环节的开头，我设计了活动一这样的共有课题（如上图所示），目的是让学生先了解本课

的主题"clothes"。通过听和看课文无字幕视频，学生勾出课文中出现的衣服类单词，并进行讨论。

　　在实践中，我发现绝大多数学生都能够完成这一活动。在设计学习单时，我也考虑到了学生对生词还不那么熟悉，有可能不认得单词，所以我特意添加了图片辅助学生完成这个活动。在巡视过程中，学生两人一组先是互相对了一下答案，对于不同的答案，两个人开始了探讨。一些英语发音不太标准的学生在伙伴的帮助下，也开始尝试通过学习单上的单词去简单拼读。仔细观察下，不难发现，从不懂的学生的提问展开的讨论，往往更有意义。不懂的学生解决了心中困惑，而他的伙伴通过回答问题又进行了深入理解。学生在公共分享时，因为手上握有学习单，可以作为一个参考，所以在说单词的时候也更加全面与自信。

1. What clothes are they looking for? （listen and tick）

shirts	socks	shorts	hats	shoes
✓	✓	✓		✓

1. What clothes are they looking for? （listen and tick）

shirts	socks	shorts	hats	shoes
✓	✓	✓		✓

（学生完成情况）

【案例2】学习结束了吗？

2. Where are their clothes? (listen and match)

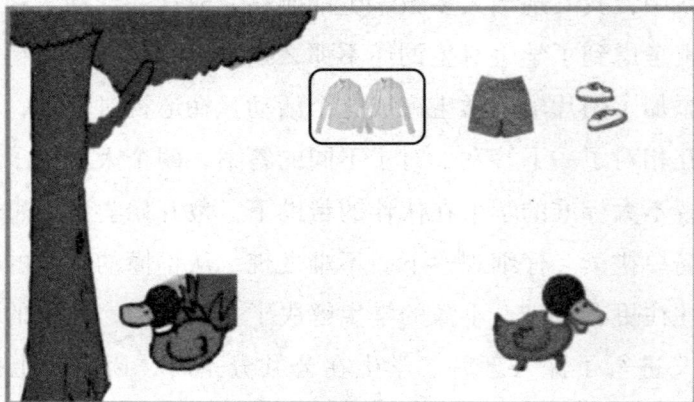

本课的重点句型为"There is...", 为了帮助学生理解课文内容、内化重点句型, 我在学习单上设计了稍有挑战性的课题, 即活动二（如上图所示）。学生需寻找课文中主人公丢失的衣服, 并将其连到正确的位置上。

在实践过程中, 学生们的整体完成度很高。这一部分, 我并没有非常突兀地找学生回答问题, 而是与课文情境相结合, Daming 和 Sam 游泳回来发现衣服没有了, 自然而然地就引入了问题"Where are their clothes?"。学生在进行汇报的时候, 根据提示, 会主动使用本课的重点句型去描述衣服的位置, 如"There is a pair of shorts under the duck."。鼓励学生将学习单上的内容进行转述, 这能够加强学生的知识掌握程度, 从而进一步强化学生的语用能力。通过阅读学习单上自己连好的信息, 尝试描述衣服位置, 学生将重点句型内化为了自己的语言。我深知, 每一个学生的学习能力和基础不一样, 接受能力也就不尽相同。在小组协同学习的过程中, 有时的确需要教师的适当介入。对于真的无法参与小组学习的学生一定要及时施以援手，给予点拨。在英语课堂，尤其是低年级的英语课堂上，教师要善于观察正在讨论的小组，善于观察学生的表情与动作。当看到学生的小组学习已经结束时，要立刻返回到以全班为单位的学习活动中。协同学习的成功与否，很多时候取决于教师能否准确判断"学习"是否形成。

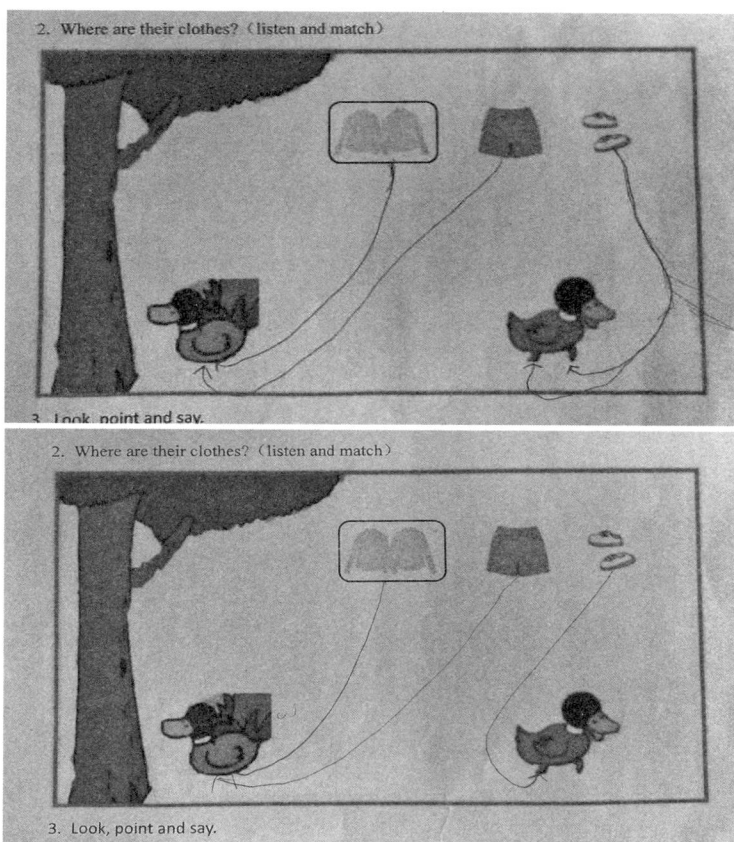

（学生完成情况）

【案例3】小组间协同学习，不断推进知识深化

3. Look, point and say.

学习单上最后一个活动的设计旨在引导学生突破运用难点，为"拓展提升"环节做铺垫。学生需先分析图片信息，找到相应的衣服。接着模仿示例，同伙伴一同描述图片上其他衣服所在的位置。课标中提到：教学设计与实施要以主题为引领，以语篇为依托，通过学习理解、应用实践和迁移创新等活动，引导学生综合性地学习语言知识和文化知识。学生基于给定的文本信息完成对知识的深刻理解，实现对语言的再次内化。如果学生不能厘清本课的重点，从刚刚学过的课文中寻找共同之处，那么这一活动在完成的过程中会极具挑战性。在巡视的过程中，我发现学生们低声地讨论着，耐心地思考着。因为有前两个活动的加持，他们灵动的小脑瓜非常迅速地发现了相同点。小组成员间相视一笑，那种默契让我莫名的感动。小组间的协同学习随着"学习"的发生而发生，小组成员间的相互促进，相互影响，最终演奏出绝妙的乐章。

（学生完成情况）

　　以上是我分享的案例，三个课题循序渐进，在学习单的帮助下，使得协同学习释放最大能量。

拼音、写字教学中的协同学习

北京市丰台区丰台第五小学　费雅静

在 2017—2018 学年第一学期，一年级语文教学主要通过 2 人一小组的学习形式培养学生的协同学习习惯和与同学的交流能力。平时的每一节语文课，都力求做到给学生充足的时间、合适的任务辅助学生建立协同学习的能力。一年级是小学的基础学习阶段，是培养语文学习习惯和扎实基础知识的重要阶段。今天，我会从拼音学习和写字学习两个方面来阐述一年级学生的协同学习所达到的实际效果。

一、拼音组词，你我互查

拼音的学习是一年级第一学期很重要的学习内容，它是识字的好助手、会沿用到今后的学习和生活中。本届一年级学生在拼音学习方面存在比较大的问题就是学习差距较大，有些学生已经基本掌握了拼音的拼读方法，有些学生完全是零基础、根本不认识拼音字母。此时，2 人一小组的共同体学习优势就体现出来了，利用两两配对协同学习的方法，为学生进行了第一次排座位。拼音学习从时间上为 4 个星期，从学习环节上为 4 个环节，在这 4 个星期的学习过程中，学生的进步是显而易见的。

　　第一个星期，学生处于彼此熟悉的阶段，2人协同学习时有些放不开、不知道如何交流。此时，每一个学习环节基本是老师带着一步一步完成的。第一个环节是从看图找拼音字母，老师给一点思考时间，然后给出标准答案，告诉学生什么叫作看图找拼音字母、如何标记。第二个环节是老师带着学生一个一个地读字母发音、声调，同桌互读、齐读。第三个环节是就发音组词。第四个环节是教读配套儿歌，从中标记含有本课所学拼音字母的拼音音节。学习的进程非常缓慢，有时感觉要给双倍的时间才能完成相应的学习内容。

　　第二个星期，学生开始熟悉学习拼音的第一、第二个环节，学习力好的学生会在第一个环节标记出很多所学字母，通过2人交流，相互补充、标记。第二个环节的读拼音也可以2人相互检查，读对了在对方语文书的相应音节处打钩；读错了，帮助对方指正；不会读，可以向同桌求助；2人都不会的可以画圈标记，在全班反馈的时候，向大家提问。

　　第三个星期，学生们已经对学习环节基本熟悉，知道每个环节结束后，下一个环节是什么，应该做什么。问题是，有时2人小组也会走神，没有交流或者在聊天。这时，就需要老师及时关注有问题的小组。

　　第四个星期，学生们已经完全熟悉了学习环节，教学进程越来越快，越来越顺利，有时感觉用一半的时间就可以完成相应教学内容。第一次如此明显地感受到学生的成长，深刻地体会到"慢即是快"的道理。从一开始一步一步地带着学习，到学生完全可以自主学习20分钟，中途不需要老师多说话，都在认真地看图、拼读、组词、读儿歌，这就是协同学习所拥有的实际效果。

二、读字写字，你我互评

低年级的写字教学是奠定学生握笔姿势、写字坐姿、读字能力、写字能力的阶段，为了扎实落实学生读字写字环节，一年级语文教学继续利用已经建立的协同学习能力，难点在于写字知识对于学生是较为陌生的。写字教学环节分为四个环节：认识字音字结构；组词应用；书空笔顺；观察关键笔画。

经过两个月的识字写字学习，学生基本掌握了字结构分类、组词、正确书写笔顺、观察关键笔画的方法。各班的读字写字能力通过本次研讨月充分体现了出来。1、5、6班围绕《大还是小》，2、3、4、7班围绕《雪地里的小画家》分别进行同课异构。其中每一课的设计都充分按照教学要求，给予学生至少15分钟的读字写字时间。

（一）扎实读字过程

在《大还是小》一课，学生能够顺利地说出"衣"是独体字；各班学生至少能就"衣"组词8个；书空笔顺是难点，只有个别学生出错，之后让学生2人协同书空第二次，就完全杜绝了"浑水摸鱼"的情况，真正落实有实效。在最关键的读字环节，给了学生2分钟，先自己观察笔画之间的关系、与横竖中线的关系，然后再和同伴交流，相互分享完善。在全班反馈时，学生2人一组一起分享，避免学生个人的紧张和尴尬。此时，运用共同体语言，提示学生"小眼睛，看同学"，认真听同学的发言。通过观察、交流，学生们会说"撇捺要舒展""点压在竖中线上""竖提从横中线起笔""竖提的钩穿过竖中线一点"，再次站起来汇报的学生，几乎没有重复的情况，很好地达到了认真倾听同学发言的效果。只有在细致地读字之后，才能真正了解这个字在田字格里的占位，才能写好这个字。经过这样协同学习过再写出的汉字，比之前自己写要好很多，尤其是占格和笔画长短关系。

（二）熟练运用写字

在《雪地里的小画家》一课，基于第一课时扎实的读字写字学习，教师精心制作了学习单：

三、我会写
下雪啦，下雪啦！

雪地里来了一群小画家。

小鸡画 ⊞ 叶，小狗画梅花，

小鸭画枫叶，小 ⊞⊞ 画月 ⊞ 。

不 ⊞ 颜料不 ⊞ 笔，

⊞ 步就成一幅画。

此学习单要求学生正确、规范的将 6 个一类字写在田字格当中。课堂上，学生先自己独立完成练习。之后，老师进行选择性实投展示，可以是展示优秀的标准答案，也可以是少有小错的提醒同学们注意。最后，2 人协同评字，从占格和书写是否规范正确两个方面进行评价。这样，不仅节约了老师一个一个下去看的时间，还加强了同学之间的交流，实实在在落实到学生身上。

教育家第斯多惠说过："教学艺术的本质不在于传授，而在于激励、唤醒和鼓舞。"学生是学习的主人，要充分利用现实的语文教育资源优化写字的学习环境，使学生在更为自在的空间学习写字。

体育课堂上的小组协同学习

北京市丰台区丰台第五小学　孙　宇

在学校共同体课堂研究的引领下，小组协同学习这种课堂学习形式已经逐渐运用到课堂教学之中，在此过程中，学生的个性得以张扬，主动性、创造性得以体现，人际关系更趋融洽，团结互助精神得以养成。

一、把握有效协同的要素，组建学习小组

根据协同学习特点，按照"组内异质、组间同质"的原则来分组，每组的学生在学习能力、组织能力、性别、个性、兴趣、特长等方面进行合理搭配，以此来保证组内成员间的差异性、互补性和组间竞争的公平性。如：在教学中，一般我们根据学生的四列横队（或者四路纵队）把学生分成 4 个大组，这样的分组只适应学习同一个简单的内容，像做游戏、分小组 400—600 米自然地形跑，但带有技术性的项目，我一般按人数要求来分组，如 2 人一组篮球传球技术学习，4 人一组足球传球练习，6—8 人一组迎面接力等。分组时，学生既可以自由结合，也可以教师引导结合。此时，教师还得随时关注游离在组外的学生，这些学生往往由于自身原因，许多小组"不欢迎"，被拒之于小组协同学习之

外，这时我要马上给这些学生"牵线搭桥"，让他们归队，参与到组内的学习中去。在教学活动中，我会根据学习的内容来灵活确定学习的组别，让每个学生参与到协同学习中去，享受组内学习带来的乐趣。

二、营造协同学习的时空环境，积极开展学习

我在刚开始运用小组协同学习时，先从一般性问题着手，由小组协同开始逐步过渡到大范围学习，从 2 人到 4 人再到 6 人，在实践中提升学习的质量，逐渐形成规范的、生动的、有效的小组协同学习。我不会过多地担心协同学习的过程会花去太多的时间，拖延教学，影响效果，正所谓"磨刀不误砍柴工"，此时要保证学生协同练习、主动参与、探究交流表现的时间，让学生在动手、动脑、动口的交互中感受体验小组协同学习带来的真正乐趣，这种方式远比教师中断学生的交流讨论，由老师或个别优秀学生说出他们的感受要强得多，学生获得的对体育运动的感受、对学习过程的体验、对学习方式的感悟也将是截然不同的，作为体育教师我们绝不能因小失大。另外，在小组展示中我们应尽可能地让不同程度、不同特长学生的体育运动技术、技能充分地发挥，尤其是激发所谓学习困难者的兴趣和自信，使多数学生能很好地完成合作学习的目标任务，并逐渐扩大合作面，从而提升合作学习的价值和有效性。

三、注意协同学习中教师的作用，协调学习过程

在协同学习中，我需要对学生进行正确地组织、指导与协调。在学生小组协同学习的过程中，作为教师很有必要参与其中，了解情况，并给予适当的指导和帮助，及时扭转小组内学生参与不均衡的局面，有时

还可以直接参与到小组的讨论中去，这对于体育课中的协同学习显得尤为突出。久而久之，组内学生会感到自身在小组协同学习中的价值；合作、探究的兴趣也会愈来愈浓厚。相反，如果教师放任自由，小组协同过程容易偏离中心，这时的协同学习就成了形式主义，既浪费时间又违背了协同学习的本质。

四、教师应给予及时适当的评价

在对小组协同学习进行评价时，小组的学习效果表现应作为主要指标。在课堂讨论中，教师尽可能以小组为单位组织发言，让发言人代表本组汇报小组学习的结果；在学业成绩上，教师在公平分组的情况下可以考虑用小组平均分加个人成绩作为学习小组成员的平时成绩。这种捆绑式的成绩评价有利于学生加强小组协同，达到共同提高的目的。

另外，在小组协同、分组表现中，教师应善于从不同角度发现各组的优点，多一些激励，少一些否定和各组间谁好谁不好的评价。教师的评价要让学生间接地感到自己与他人（组）的距离，认识到不足，明确努力的方向。我在平时的教学实践中，发现合作讨论结束后的分组表现过程很容易造成各个小组间的小集体主义倾向，不利于各组间的交流，这时教师合理贴切的评价会起到很好的协调作用。

小组协同学习是体育课堂中非常重要的学习形式，它让学生学会了如何进行有效的学习。小组协同学习会成为体育课堂上一道亮丽的风景，让我们的体育教学更具有实效性。

从观察员的角度看学生的协同学习

北京市丰台区丰台第五小学　邓艳芳

学习共同体课堂，听课教师由"观教变为观学"，作为观察员的教师，应该观察什么呢？怎样观察呢？

一、观察学生互助学习的发生过程

学习好比一场旅行，从熟悉的地方到达一个不熟悉的地方，向书本对话、向同伴对话、向生活对话，是最有效的学习方法。在我们的课堂上，学生也在逐渐经历着这样的学习过程。

【场景回放】在我执教"条形统计图"这节课上，校长是吕某博和梁某然这组的观察员。当同学们结合一幅条形统计图进行观察，并说出各自有什么新的发现时，校长观察到这两个孩子从始至终没有什么交流，各自思考后，梁某然强势地将自己的想法告诉吕某博，而吕某博呢？似听非听，还用手捂着自己的答案，不想让对方看到。可见，他们两个并没有在真协同互助学习。课下，校长亲自看了吕某博一直捂着的答案，他写的是："我认为条形上要标出数据，这样就能一一对应了。"

【观察心得】听了校长的描述后，我仔细分析了这一组的学习状况。两个孩子学习成绩不相上下，吕某博聪明，但是不善表达；梁某然既聪明，又善于表达，但是非常马虎。虽然吕某博的想法不尽完美，但是这确实是他的真实想法，还想到了一一对应的数学思想，这一点是极少数孩子能够想到的，如果这个组在全班做了交流，说不定就可以成为一个小"炸点"，激发其他学生的深度思考，如果当时我巡视到这个组，静静观察他们的互助状况，悄悄给予一些暗示，如果……太多的遗憾！那么，同伴究竟怎样能够真互助呢？他们怎样才能够心甘情愿地向对方倾其所有呢？第二天，我在班里做了一个调研，主题是"我眼中的同伴"。我特意翻阅了这组同伴的情况，发现他们两个还是愿意结成共同体的小伙伴，只不过是由于刚刚组合在一起，彼此不熟悉，吕某博自尊心强，担心自己的想法错了，所以，不敢去主动交流。调研后，我和班上的同学们探讨了怎样才能做到在学习上真互助，同学们梳理出几种交流方式：多问问同伴你是怎么想的？这是我的想法，不知道有没有道理？我是这样想的，你看可以吗？你说说，我听听。当伙伴说的有道理的时候，对方要不吝啬自己的语言，大大地称赞；当伙伴的想法不对的时候，也不要急于反对，站在他的角度，想想他为什么会这样想，直到梳理出正确的思路。在我们班的课堂上，我常常鼓励孩子们：直言自己的不懂，敢于向同伴发问，同伴也要乐于讲给对方听，直到讲明白为止。

课堂里学习共同体的基本要素之一就是互教互学：课堂中学生间的轻声交流是一种互教互学的活动。对话的形式可以激发学生对教师提出的问题的思考，再是学困生向学优生请教，而后是学优生指导学困生，还可以是小组配合各自表达后相互质疑、解疑甚至追问，使学习走向深化。这个过程既是学生间互惠的学习过程，也是构建平等关系的过程，体现了"协同学习"的真谛。

二、观察学生交流时的有效倾听

倾听既是教学中教师活动的核心，也是学生课堂上最主要的学习途径，构筑"相互倾听"的关系至关重要。

【场景回放】

"数对"的教学对我来说并不陌生，四年前学校的自主课堂刚刚拉开序幕，我就以"数对"这节课作为展示课，供老师们交流研讨。四年后，我们在自主课堂的基础上又进行了深入研究——学习共同体。对比过去的研究，如今的"数对"课堂更加关注学生的学习历程和探究欲望。

课上，学生自学后，对于数对的记录形式非常感兴趣，同时也有许多疑惑的地方，例如小金鱼在第 1 列，第 1 行，用数对表示就是（1，1），学生们自己提出为什么要加括号的问题。四年前，学生们也在课堂上质疑了这一点，那个时候我的处理方式是用一句话解决："这是数学习惯，约定俗成的！"因为当时觉得这个是非核心概念范畴，没有必要在这里大做文章。可是，今天站在共同体的角度再次审视这个问题，站在学生思考的角度再次处理这个问题，就大大不一样了。此时我退出了课堂，再次将自己置身于观察员的角色。聚焦的问题：数对的记录形式为什么要加括号？计划讨论时间是 5 分钟，结果用了 15 分钟。学生们交流的情况如下：

发言学生	交流内容简要记录	观察焦点
王某雨	数学是严谨的学科，所以，要加上括号，这样才对	关注对不对
赵某	我认为这要根据个人而定，喜欢，觉得整齐就写；不喜欢，觉得麻烦就不用写	关注的是喜欢不喜欢
马某元	我认为还是要写上，就像我们做填空题一样，填空题不就是用括号吗	关注了做题习惯
吕某博	我不同意，填空题有时候还用直线呢，让我们把答案填在直线上，那样的话，你写不写括号	与做题进行对比
孙某睿	这个括号要写，不写就变成了1，1，看着别扭，感觉什么都不是	关注别扭不别扭
阴某鑫	我知道是什么意思，不就是表示金鱼在第1行第1列吗？	似乎还是认为不用写，自己知道意思即可
邵某乔	我给你纠正，应该先说列，再说行。你明白了吗？我问你，第一个1表示什么？第二个1呢？ 阴某鑫准说出来，邵某乔板书	注意倾听，并给予了纠正
路某林	谢谢邵某乔给纠正。现在在我们再来讨论括号该不该写的问题。我认为应该写，就是感觉列、行不能分开……	认可上面同学的观点，越来越觉得有括号的必要性了
赵某	我知道了，写括号省的写字了，括号代替了"第某列""第某行"几个字，更简单了	关注了数学的简洁性
吕某博	对了，邓老师说过数学是简洁的，确定位置，用这个带有括号的形式简单多了	落脚点也在简洁性上了
梁某然	吕某博，我同意你说的简单，那么既然是简单，不写括号应该更简单啊！我还有新的发现，请大家看这个格子图，确定李林位置的时候，不仅标出他的名字，还用一个点表示。带上括号，标出列与行，就说明了这个点的位置是什么，只说列不说行，不能确定李林的位置，只说行不说列，也不能确定位置，列、行不能分开，缺一不可，所以用括号括起来。听了她的讲解，同学似乎觉得有道理，大部分都点头	用其他的例子说明数对表示一个点的位置，更进一步区分列、行的概念，把逗号的作用都解释出来了

看着同学们争先恐后地发表自己的观点，我这个观察员在旁边听得不亦乐乎。同时，更加感叹，这不就是我们要追求的共同体课堂的境界吗？我想如果学生没有专注倾听，肯定不会出现上述的"炸点"场面。

【观察心得】学生间的相互倾听关系一直是我的共同体课堂上关注的焦点，也是重点习惯的培养方向。在安心倾听的氛围中，学生的发言会慢慢地被触发："听了她的发言，我也发现……""我认为她的发言不够完整……""原来我还以为……现在我知道了……"通过倾听，课堂上的串联会慢慢形成并持续，课堂会从相互倾听慢慢发展为相互学习的关系，共同体学习的精彩之处恰在于此。

我们班从 5 月份就开始实施共同体的学习，在调研中，全班 100% 的同学都非常喜欢这种学习方式。

孩子们非常喜欢共同体学习的方式，因为他们在此过程中享受到了实际意义上的获得，是最大的受益者！作为课堂观察员的我，喜欢看孩子们专注倾听的眼神，听孩子们诚挚和谐的交流，尽情享受学生协同学习的乐趣！

第六章

教师如何应对学生的生成

抓住生成　有效"反刍"

北京市丰台区丰台第五小学　米　烁

在协同学习中，学生必然会产生一些解决不了的问题，比如两方争执不下，比如思维进入平台期，再如对课程中的核心知识一句带过。这时，老师要能够抓住生成，有效"反刍"，将教师的显性教学行为寓于隐性导学行为中，将学生的思维引入更深层次。

一、"反刍"在学生平原期踏步时

协同学习的过程中也会遇到学生思维的"平台期"。小组发言内容类似，缺乏进一步深入思考，只是在平面"打转"时，教师需要抓住时机进行反刍，引发学生深入思考与质疑，加深思维的深度。

例如观察《它们怎样睡觉》一课时，教师引导学生读课文说一说自己的收获与问题。学生开始协同学习，几组同学发言都在解释课文内容，比如学生说："我知道马是站着睡觉的，蝙蝠是倒挂着睡觉的"等。此时，学生的认知浮于文本表层，难以推进。教师抓住时机，立刻引导学生进行"反刍"，请大家再读读课文，说说你的发现，提出你的问题。学生回到文本，在之前的基础上再次研读课文。协同学习继续，学生立刻有了更加深入的认识，一位同学说道："我通过读课文发现狗是耳朵贴地，趴着睡觉的。"除此之外，他还能结合自己的生活实际介绍道："小狗睡觉耳朵贴地是因为它要随时听着外面的动静，提高警惕，保护自己。"学生经过"反刍"后的发言明显比之前有深度，还有的同学这样回答："马是站着睡觉的，但也不是所有的马都站着睡觉，因为课文中有'常常'这个词语，表明站着睡觉是它们一贯的习性，马这种动物经过多年的进化养成了站着睡觉的习惯，以此来保护自己不受猎食动物的侵害。"学生在思维上的进步令我震惊，原来我们教师只要耐心等一等，将问题像踢皮球一样还给学生，回归文本，孩子们真的能更深入地思考。

学生在教师的等待和一次次的"反刍"中收获思维方面的成长，在"反刍"后，学生逐步学会联想旧知，联系生活经验、课外阅读内容，从而丰富对文本内容、观点或问题解决方法的认知，实现跳跃性学习，形成新思维能力。

二、"反刍"在思维出现冲突的地方

课堂中学生之间的胶着争辩是教师们期待看到的环节，因为这代表着课堂氛围的安全，学生思辨思维的活跃和对核心知识的兴趣浓厚。但是，在学生争执不下时，我们教师应该做些什么呢？二年级《奇妙的歌手》一课做了很好的示范。

课堂中两位同学围绕冲刺挑战性问题"到底是奇怪的歌手好还是奇妙的歌手好？"展开辩论。二人争得面红耳赤，不相上下。这时，老师这样引导学生："到底是奇妙还是奇怪呢？让我们再回到课文读一读，说说你的想法。"学生回到文本开始细读，再交流时，很快有同学注意到了重点词。有同学说"因为蟋蟀的歌声像悦耳的琴声，所以是奇妙的歌手"，有的同学说"因为它们都不用嗓子发声，所以是奇怪的歌手"，还有的同学说"这些歌手不用嗓子还能发出那么好听的歌声，所以是又奇怪，又美妙的歌手"。"反刍"之后，学生自己就完成了"串联"提升的学习步骤，自主将发声器官的奇特与嗓音的美妙结合起来，充实核心概念。我想，这就是学习共同体的奇妙之处，返回文本，教师等待学生的自我完善。"反刍"的作用在此也发挥得淋漓尽致，学生在与同伴交流的基础上协同学习，思维能力节节提高。教师的"忍"换来的是学生的"真"。

三、"反刍"在核心基础知识

以往的课堂是优等生展示才华的天地，他们思维活跃，能言善辩，知识广博，总是求新求异，对于课堂中的基础知识他们甚至不屑一顾，一带而过。但这些现象令我反思，整节课虽华丽精彩但在这样的课堂中，全体同学在协同互学环节都真正在学习吗？所有学生的思维水平都有所提高吗？这样的课堂安全吗？这些曾经令我困惑的问题在共同体研究中找到了解决办法。

例如，我观察高年级数学《圆的面积》一课中，核心基础知识是将圆等分再拼成已经学过的图形然后求解面积。优等生对于这种基本方法一笔带过，纷纷求新求异。而我旁边的中等生只是将圆等分成若干三角形并拼摆成平行四边形，却迟迟不下笔计算求面积。我想，如果这时就让那些优等生介绍自己新奇的办法，这些同学一定是一头雾水，容易失去学习兴趣。此时，老师切合时机巧妙运用"反刍"，在一组同学介绍了利用平行四边形求解圆面积之后引导全班同学再研究这种方法。不理解或有问题的同学可以走到黑板前看一看，互相问问题，互相解决。此时，我旁边的一组同学马上上前探究，回到座位后开始动笔尝试计算，经过再次研讨，二人终于推导出了求圆面积的公式。

这样的"反刍"填饱了不同层面学生的胃口，夯实了基础知识，学优生懂得耐心与包容，学困生收获了提问的勇气和探究的信心。我想，这样的课堂是润泽的，是所有学生真正需要的，至真的精彩在这里呈现。

教师的"反刍"策略深化了课堂沟通。反刍是教师对于课堂生成的整体把控，是对学生创造性思维的训练，也是对教师倾听能力和共同体课堂驾驭能力的考验。所以，我下一阶段的目标就是在课堂勇于尝试和突破，给予足够的耐心和等待，锻炼自己找准最佳反刍的时机，用这种手段不断提高学生思维水平，继续营造润泽的课堂。

应对学生生成的"五部曲"

北京市丰台区第八中学　　刘　欢

学生的生成贯穿在整个学习过程中，包括教师发布学习任务后，学生独立思考生成，小组探究生成，公开发表评价反刍生成等多角度，因此教师要通过预设生成，以有效引导、巡视、提问、评价等方式普遍生成、激发生成、提升生成、完善生成。

一、敢于面对，尊重生成

学习真正发生的三要素包括基于学科本质的真正的学习，互相倾听的学习关系，创造性、挑战性的伸展跳跃的学习。真正的学习是基于学科本质的学习，教师要基于学科本质设置挑战性的伸展跳跃的学习任务，并根据学生的实际情况预设在课堂师生互动、生生互动的真实情境中，学生将产生什么知识生成，有一般性常见错误，也有突发性不常见问题。无论是何种问题，首先要尊重学生提出的所有问题，并鼓励学生大胆提问，哪怕有些问题显得很幼稚。其次要敢于面对学生存在的问题以及出现的突发性不常见问题，可以和学生一起讨论解决。在学生生成时，教师应侧重于通过"串联"和引导学生进行生生评价，并借助板书、多媒体等工具不断完善学生叙述的知识网络，而非演变成教师与学生之间的一问一答，这样学生的参与度、成就感，知识的系统性、全面性，课堂的鲜活性将会得到提升与发展。

二、鼓励倾听，引导生成

协同学习追求的目标并非"互相说"，而是"互相学"。"互相说"的课堂倾向于追求踊跃发言的课堂，看似学生的生成很多很准确，但发言的仅仅是已经听懂的学生的发言，而在大多数的课堂中学习并未真正发生。小组讨论也是如此，学习真正发生的小组中，讨论及交流都是轻声细语进行的，每一名学生都能仔细倾听及消化同伴的低语，并深入思考。学习发生应该追求互相倾听的关系，而非互相发言、互相说的关系，无论是在组内还是班内，生生之间、师生之间都应该创设良好的倾听关系，从而达到互相学的目的，才能使得普遍生成。

三、三次巡视，激发生成

在课堂开始的 5 分钟内，学生接收到挑战性任务后，随即进入与文字对话和与自己对话的过程中。教师这时至少要进行三次巡视，第一次巡视查看学生是否清楚任务要求，并对不清楚任务要求的学生进行引导，以便帮助其进入学习状态；对于进入任务有困难的学生，鼓励其向小组成员求助，使自己进入学习任务当中。第二次巡视查看学生的思维障碍点及突出问题。在深入探究的过程中，学生可能存在某些思维障碍点或者突出问题是小组难以解决的。对于个别小组的问题，教师可以予以适当的点拨让学生继续探究而非直接告知答案；对于全班性的问题，教师可以暂停小组探究公开集中予以适当突破，以便提升课堂的效率。第三次巡视，检查学生在适当的时间是否完成的情况，并积累学生的错误／正确案例，待公开讲解时进行分享和突破。通过以上三次巡视，激发和推进生成。

四、三次提问，提升生成

在公开发表时，教师可根据问题的难易程度，选择适当学力的学生进行公开发表，减少一上来就找学力高的学生公开发表的情况，学生发言顺序应由学力弱的学生向学力高的学生逐渐过渡。并根据学生日常的发言情况，多鼓励不爱发言的学生进行公开发表，例如多关注女生的发言次数和发言内容等。在同一问题中，如果连续提问三名学生均不能完整的串联、补充、解释和说明，则要再次组织全班同学针对该问题进行二次深入探究，使得学生增强反刍能力和探究能力，从而更好、更真实、更全面地突破挑战性问题，提升生成。

五、运用评价，完善生成

在很多课堂中，教师为了检验学生的实际获得与落实情况，会制定评价量规，在进行教学任务时，让同伴之间运用评价量规进行互相评价，很多学生会从指出问题的角度进行评价，抑或直接给予回答问题的学生打分，如果更多地利用评价量规互相评价不足和问题时，或者带有主观色彩评分时，会潜移默化地增加学生之间的对立性与竞争性，也会打击回答问题学生的积极性和参与度，可以通过学生互相说学到了什么、有哪些优点值得大家共同学习和借鉴，从而增加学习共同体课堂的包容性、润泽性、协同性，有助于学生在润泽的课堂氛围中完善生成。

　　综上所述，教师要通过设置基于学科本质的挑战性课题，基于学情预设学生生成并根据实际情况不断调整和改进，创设尊重、倾听、安全发声的课堂氛围，让学生能够静下心来互相倾听、互相学习，生生之间良好的倾听关系和学习关系能够使得学生的生成得到普遍发生。教师通过巡视、提问、适当评价等多种方式方法激发生成，提升生成，完善生成，从而构建学习真正发生的课堂。

用好生成　推动深入学习

北京市丰台区第八中学　刘玉舒

学生的生成，即学生在学习过程中涌现出的新想法、新问题和独特观点，是课堂学习的重要资源，也是推动教学深入发展的关键动力。为了有效地应对学生的生成，教师需要全面贯穿于课前、课中、课后三个阶段，做好充分的准备、灵活调整教学策略，并及时进行总结反思与跟进指导。

一、课前分析：深入了解学情，预设生成空间

课前阶段是教学准备的关键环节，教师需要充分了解学生的知识背景、学习需求和学习习惯，以便预测并应对学生在课堂上可能出现的生成内容。学校教师通常通过线上线下相结合的方式，利用问卷星或设计预习学案等调研工具，引导学生对即将学习的内容进行预习，并提出自己的疑问和见解。

预习问卷的设计应注重开放性和引导性，鼓励学生深入思考、大胆质疑。同时，教师还需要对收集到的学生疑问进行认真分析和整理，将其分为知识类、理解类和应用类等。这样的分类有助于教师更清晰地把

握学生的学习难点和疑惑点，为课堂教学中的生成应对提供有力支撑。

在教学设计环节，教师应充分考虑学生的生成需求，预留足够的生成空间。这包括在教学内容的选择上注重启发性和探究性，引导学生通过自主学习和合作探究发现问题、解决问题；在教学方法的运用上注重多样性和灵活性，如采用小组讨论、角色扮演、案例分析等方式，激发学生的思维火花，促进他们之间的思维碰撞。

为了有效地应对学生的生成，教师还需要做好教学资源的准备工作。这包括收集与教学内容相关的文献资料、案例素材、视频资料等，以便在课堂上为学生提供丰富的学习材料和参考信息。同时，教师还可以利用现代信息技术手段，如多媒体课件、网络资源等，为学生呈现更加生动、直观的学习内容，激发他们的学习兴趣和学习动力。

综上所述，课前阶段是应对学生生成的关键环节。教师需要做好充分的准备工作，包括深入了解学情、预设生成空间、丰富教学资源等，以便在课堂上灵活应对学生的生成内容，促进学生的思维发展和学习提升。

二、课中反馈：营造和谐氛围，灵活促进生成

教师在应对学生的生成时应保持开放的心态、灵活调整教学策略、关注学生的个体差异和发展需求，并通过有效的反馈和引导来促进学生的全面发展。

1.倾听理解学生。

教师应时刻保持开放的心态，耐心倾听学生的发言。在倾听过程中，既要关注学生的表达内容，更要关注其背后的思考过程和情感状态。通过理解学生的真实想法和困惑，教师能够更好地把握学生的生成

点，为后续的教学应对策略打下基础。

2. 分析生成内容。

对于学生提出的生成内容，教师应进行仔细的分析。这包括识别生成内容的价值、与教学目标的相关性，以及其在学生认知发展中的作用。通过深入分析，教师可以判断是否需要进一步拓展相关知识点，或者调整教学策略以更好地回应学生的生成。

3. 提供及时反馈。

对于学生的生成，教师应及时给予反馈。这有助于学生了解自己的学习状态和进展，同时也能够激发其进一步探究的兴趣。反馈内容应具体、明确，既肯定学生的积极思考，又指出其存在的问题和不足，并提供相应的改进建议。

4. 引导深入讨论。

对于有价值的生成内容，教师可以组织学生在小组内深入讨论。在讨论过程中，教师应扮演好引导者的角色，适时提出问题、引导方向，以确保讨论的深入和有效。同时，教师还应关注讨论的氛围和参与度，营造积极、和谐的讨论环境。

5. 调整教学计划。

根据学生的生成内容和教学实际情况，教师应灵活调整教学计划。在保持教学进度的基础上，适当插入或调整教学内容，以满足学生的探究需求。通过调整教学计划，教师可以更好地实现教学目标，同时促进学生的个性化发展。

三、课后总结：及时反思调整，提供个性方案

在完成了课前准备、课堂教学等环节后，课后阶段同样重要。在这

一阶段，教师需要认真总结课堂上的生成情况，反思教学效果，并为学生提供个性化的指导，以进一步完善教学策略并促进学生的发展。

课后，教师及时对课堂上的生成情况进行总结反思。这包括分析哪些生成内容得到了有效的处理，哪些内容处理得不够理想，以及原因何在。通过反思，教师可以发现自己在处理学生生成问题时的优点和不足，从而在未来的教学中加以改进。

针对学生在课堂上的生成内容，教师应提供个性化的指导。对于提出独特见解或表现出创新思维的学生，教师可以鼓励他们进行深入的研究，并提供相关的资源和指导，以帮助他们进一步发展自己的能力和兴趣。对于存在困惑或理解不足的学生，教师应提供额外的辅导和解释。这可以通过课后答疑、一对一辅导或提供针对性的练习等方式实现。通过个性化的指导，教师可以帮助学生解决困惑，提高学习效果，并增强他们的学习信心。

同时，教师可以通过多种方式收集学生对课堂生成的反馈意见。例如，可以通过课后作业、学生评价等方式，了解学生对课堂生成内容的理解程度、对教学方法的接受程度以及个人学习的收获等。根据学生的反馈和自身的教学反思，教师可以调整教案的难易程度、优化教学流程、增加互动环节等。

做好准备　恰当应对学生的生成

北京市丰台区草桥小学　尹春山

学习共同体课堂中的教师，迎接开放的、充满挑战的教学设计，灵活捕捉、巧妙应对学生在任何一个环节中的随机生成，学生在这个过程中更像是灵动的精灵，在协同的过程中碰撞出思维的火花。

下面我就在学习共同体研究中教师如何应对学生的生成，教师在此种课堂下的专业发展浅谈一下自己的思考。

一、教师应对学生生成的基础

1. 吃透课标。

无论哪个学科的教师，都应该认真细致地研读新版课标，明确本学科需要培养的学生的学科素养是什么？用什么样的方式去培养？这是我们进行教学设计的根本指导思想。我们所有对学生生成的应对，都要牢牢地紧靠课标。

2. 吃透教材。

教师应该在课标的指导下吃透教材，寻找到教材与课标的连接点，既要找到每个知识点在本册书中的重要作用，前置知识点是什么？后续知识点又是什么？还要找到该知识点在整个小学阶段学习中的重要性，以及对后一阶段，如初中的学习产生的影响，做好教材的纵向梳理比较。同时，还要对知识点进行横向的梳理比较，体会不同版本的教材对于相同知识点在编排上的异同，从而更合理地选择使用。

3. 吃透学生。

在进行教学设计时，可以用调查问卷等方式深入分析学情，不仅要明确学生已经具备的能力，还要明确学生的原有认知是什么，通过本节课的研究获得什么，借助本节课的研究又将走向哪里？这样，我们才能有的放矢地应对学生的生成。

4. 设计好挑战性课题。

挑战性问题是学生协同学习能够开展的抓手和学生产生多元化生成的催化剂，教师应紧紧围绕课标，将教学内容和学生的生活实际紧密结合，设计出符合学科本质的挑战性课题，也可以根据前测选用学生提出的问题作为挑战性课题。挑战性课题必须有一定难度，需要通过协同学习才可能完成，挑战性课题应具有一定的开放性，这样学生的生成才可能多元化。

二、教师应对学生生成的策略

1. 提前作出充分预设。

在整个教学过程中，一定要对学生可能出现的答案进行充分预设，如在学生研究整数除以分数的算理的过程中，要根据学生以往经验预设出：（1）统一分数单位进行计算。（2）将分数转化成小数进行计算。（3）利用商不变的性质，通过转化进行计算。（4）画出线段图，根据分数的意义进行计算等，预设得越充分，应对学生的生成就越得心应手。

2. 瓶颈处及时回归"反刍"。

当学生的生成总是在同一层面绕过来绕回去的时候，教师一定不要着急，这种情况的产生可能是由于学生还未对文本进行深层次的对话，这时候需要及时组织学生回到文本，通过再读加深与文本的对话，生成更多、更深的认识，从而突破瓶颈。

3. 重点处适时选择返回。

当某个小组的发表涉及其他学生未出现的研究过程和研究方法时，教师应当带领学生适时返回，对此研究过程和研究方法进行梳理与小结，在全班达成共识后总结出来，从而积累学生的思维方法。

4. 关键处即时进行确认。

面对挑战性课题，当个别学生已经解决并说清自己的想法时，教师也不要着急往下进行，因为这时还有相当一部分的学生并未弄明白或正处于似懂非懂的状态，教师要在这个时候多叫几名同学谈谈理解，也可以回到协同的小组中，让有问题的同学提出疑难之处，其他伙伴通过与同学分享自己的认识，帮助同学解决，此时的确认环节很重要。

5. 难点处择机提供鹰架。

当学生在解决挑战性课题时整体遇到了困难，此时教师应该提供适当的鹰架，主要包括：提示性的问题或问题串，帮助学生解决问题的线段图，辅助性的视频，等等。

三、教师应对学生生成的推进器——多样性评价

教师评价对于促进学生生成有着巨大的推动作用，也是应对学生生成的重要手段。通过课堂实践，梳理出了这两类评价。

1. 激励性评价。

在自主研究、小组协同过程中，对于能够主动大胆说出"我不懂"的同学，要及时给予大力表扬与肯定，这是学习真正开始发生的根本，这种组内的生成，教师不要过多介入，更好的方式是回归小组内解决。对于伙伴关系、倾听关系、互学关系建立得比较好的小组，也要及时进行榜样树立，促进组内学生生成的多元化。

2. 启发性评价。

对于提出疑问和可以推动学习走向深入的学生的回答，要及时总结，如"这个同学只是在得到结论后追问了一句为什么会这样呢？就引发了我们集体的思考，真好！"类似于这样的点评，可以让学生渐渐学会追问、渐渐学会质疑，这也是教师应对学生生成，借助学生发现使课堂研究走向深入的好抓手。

教师的评价一定是建立在认真倾听学生的基础之上，根本原则就是教师评价既要贴着学生的回答，又能够引发学生更深的思考。

第七章

如何建设教师学习共同体

立足教学实践　引领青年教师在"做"中成长

北京市丰台区丰台第五小学　李　健

青年教师的成长和发展不仅关系着学校的今天，更关系着学校未来的发展，而促进其专业发展的最佳方式就是来自学校内部的教改研究。学校开展"共同体"研究以来，本着"人人重要，人人成长，人人精彩"的理念，引领青年教师在"做"中成长，用"共同体"理念锻造青年教师。

一、树立"做中学，学中做"的榜样——改革从转变观念开始

以往，青年教师把功夫都用在了如何讲得明白、讲得生动、讲得高效。突然让他们退出讲台，让学生成为主角，青年教师手足无措。一方面，集团全员开展"学习共同体"书籍共读和交流活动。另一方面，率领干部和骨干教师代表进行课堂实践，青年教师随时进班听课观摩，实实在在地看到课堂应该怎样转变，为青年教师树立"做中学，学中做"的榜样，树立理论结合实际的实践标准。

二、手把手带领创建学习的环境——安心的环境从安静开始

指导青年教师，把秧田式课桌椅变为 U 形或小岛形，对课堂 5 种声音进行了规定。青年教师开始时并不明白，只是照着样子做。他们渐渐发现，安静、安全、安心的学习环境，表面上是师生放低音量，静思倾听，实质上，是在建立一种彼此尊重、信任、包容、接纳的环境。环境安心，才有真正的独立思考，自然而然地发生质疑、表达与求助，这时产生了真正的彼此需要，学习开始发生。努力让青年教师感受到课堂的美妙，坚定他们做个好老师的理想信念。

三、研读教材是最重要的基础——思维提升从推行"两个一"开始

1. 一张大字报。

减少使用多媒体，大字报不但让学生更加聚焦文本，更加聚焦学习过程的记录。青年教师发现，研究的重难点跃然纸上，思维的火花也不再昙花一现，不同颜色的笔，随时体现学生的发现、问题，思维提升的过程并留下痕迹，有利于反思"回头看"。

2. 一张学习单。

青年教师最初只是使用者，他们慢慢发现，同样的学习单、同样的挑战问题，怎么效果还是不如前辈老师呢？需求下的学习效果最好。青年教师加入学习单的研发和挑战性问题调研、斟酌、比较、设计的全过程，感悟研读教材是最重要的基础。表面上是学习单、大问题，背后深

挖教材才能直击核心知识与素养，探究过程是为了形成学科的思维习惯管理实践和关键能力，承载着育人目标。

四、蹲下身体更蹲下心灵——学习从学会倾听开始

学习共同体要求老师蹲下身子，蹲到学生身边去，蹲到小组里去。这一蹲，青年老师们发现了问题：小组里没有发生学习，学生的相互交流没有产生。这一蹲，青年老师们近距离看孩子，发现了孩子倾听的水平大不一样。这促使青年教师有针对性地请教和解决问题，先蹲下的是身体，进而蹲下的，是倾听学生、关爱学生"柔软的心"。

五、创建公约有效评价——协同互学从习惯养成开始

青年教师希望在没有师傅、组长和领导的陪伴下，也能自如实现自主学习：怎样才能建立固定的规则？根据需求，针对学生的年龄特点，我们安排以年级为单位的集体研究，各科老师共同制定该年级的共同体行为习惯公约。帮助青年教师通过班班有习惯提示语、有针对性的评比、设立表彰机制等方式有效推动了协同关系的形成。青年教师懂得了习惯培养与评价机制关联的奥秘。

六、相信学生，向学生学习——教学翻转从还给学生时间开始

我们规定青年教师课上要少讲，一是给足自学时间；二是小组协同学习累计不少于20分钟。教师发现相信学生，才会看到精彩，向学生

学才会实现真正的教学相长。教师也由教者变身学者，以学导学，以学助学。

七、离学生近一点，再近一点——推进课堂从"观察"开始

青年教师的课堂观察，往往更多地关注学生的观点是否接近自己的答案预设，教学环节是否按照既定的进程推进，容易忽略学习内部的真相，比如学生具体的学习困境和需求，学习结果的思维过程等。

我们教青年教师这样在课堂中观察：当学生表达不清、观点过于分散、思维需要提升时，教师会用"你再想一想？""你从他的发言中听懂了什么？""你能把前面同学所说的内容总结一下吗？""你有什么新想法？"这样的语言，把问题一次次地抛给学生，激发他们继续学习、不断挑战的热情。

我们还带领青年教师在听课中学习"观察"，一定要坐在学生的身边，尤其是学困生的身边。观察老师这么问，他的表情听懂了吗？老师给的时间，他是怎么使用的？遇到困难他是放弃还是求助了？身边的同学是不是能够主动发现他的困难，不放弃他？这个小组的协同怎样？课堂观察，帮助青年教师离学生更近。

八、寻找课堂里最宝贵的资源——改变评价从议课开始

评青年教师的课，以往主要评他们的教学，方式改革后，将"评课"改为"议课"。议课规则是不对执教老师的教学能力、教学方法等做出评价；不简单评判课或执教老师的"好"与"不好"；不给执教老

师提意见和建议；只谈我在这节课上、这位老师身上以及学生身上学到了什么。

青年老师们的心理安全了很多，看到大家立足学情观察，有依有据，实事求是，提供有效措施，和自己一起反思，青年教师感受到大家帮助自己看到了那么多自己看不到的细节，梳理了生成中的宝贵资源，也就更愿意大家走进自己的课堂，对议课教研充满期待。

总之，教学改革中，学校始终立足教学实践，促进青年教师在"做"中感悟和成长，让教研共同体进一步形成。

指向教师专业发展的教师学习共同体的构建

北京市丰台区第八中学　刘玉舒

教师的学习共同体建构指向教师的专业发展，是助力专家型教师专业发展的新路径。

一、研究课例，引领团队走向专业

2018 年学校成为北师大学习共同体项目校，学校第一节学习共同体研讨课《皇帝的新装》授课后，语文组教师共同回看授课视频，观察学生学习状态，发现这节课师生互动碎片化，理解浅尝辄止，没能深入到核心。因为"学习并非一定是由基础向发展渐进的"，关键还是要设计好挑战性问题。于是语文组聚焦"如何设计挑战性问题"为研究主题，所有老师继续尝试突破。

初三备课组长上组内研讨课，语文组在如何设计挑战性问题方面进行了研讨，提前调研学情，看看学生阅读理解的盲点是什么？经过研讨我们提出挑战性问题"假如你是菲利普夫妇，在船上面对落魄的于勒，你会不会认他？"使学生对文本人物有了更全面、更深入的理解。

疫情线上教学时为了激发学生的学习兴趣，老师们坚持课前收集学生的思考和疑惑，课上带学生把问题按难易度进行分类，快速解决简单问题后，聚焦学生提出的关键问题进行深入学习。在实践过程中，学生提出的问题越来越有价值。

二、深化课题，激发教师专业自觉

我们的课堂逐步实现了从教师的"教"转向学生的"学"，却发现学力高的学生掌握了课堂强权，而学力低的学生或不敢发言，或被打断。于是我们重读《教师的挑战》，校长进行了倾听关系构建的主题培训，引领老师明确"学习共同体"理论正是以倾听他者声音的相关倾听关系为基础而形成的。

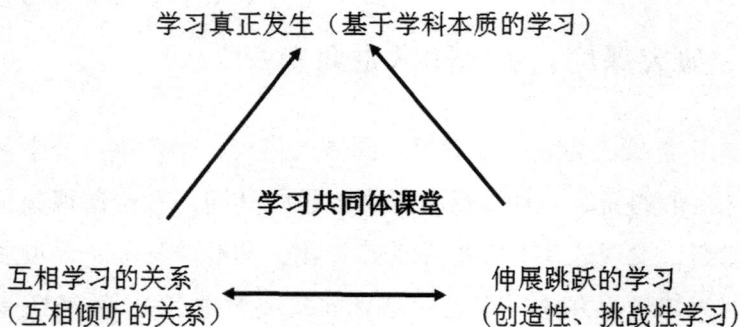

学习真正发生（基于学科本质的学习）

学习共同体课堂

互相学习的关系　　　　　　　　　　　伸展跳跃的学习
（互相倾听的关系）　　　　　　　　　（创造性、挑战性学习）

为了解决"倾听关系难以构建"问题，我们申请了区级课题"基于学习共同体理论构建倾听关系的研究"，聘请专家作了倾听领导力的培训，全员学习了梅拉比安模型和3F倾听模型，引领教研组探索策略，具体如下：

（1）教师课堂语言以"尊重"为特征，以温和的语言进行引导，以善意的态度进行鼓励。教师专注倾听，积极给予回应；善于等待学生，准确理解意思；巧妙提问追问，委婉表达观点。

（2）反馈教师的巡视路线和姿势。教师弯下腰启迪其唤醒思路，降低学生的紧张感；小组讨论时先关注远端小组，营造平等、安全的交流氛围。

（3）以高品质学习单为支架，教研组梳理出高品质学习单的标准：问题精简，突出核心；问题有趣，有较大思维空间；贴近学生生活实际。

三、聚焦主题，推进共同体持续优化

随着研究的深入，我们发现倾听关系构建在跨学科的年级组进行班本研究更有针对性，于是采用"双轨"教研的方式推进。听课老师都是观察员，坐在学生身边，不干扰学生，用照片、视频、文字记录学生真实学习过程。

随着研究的"双轨"并行，出现了观察员老师观察不同学生，但分享的内容有重复，或缺少主线。为了能持续推进，固化研究成果，我们建议教师提出自己的研究主题，然后围绕研究主题，观察学生收集材料，为可持续的研究做好准备。

班主任依据之前班本教研反馈的问题，提出这一阶段本班要重点突破的主题，并梳理各小组学生的情况；观察员老师依据班主任的分享，确定自己的研究主题以及重点观察的小组，并提前与班主任进行沟通；观察员反馈时聚焦主题，描述学生的学习过程，进行"我有什么建议？我想尝试做什么？"的表述。

四、机制保障，驱动全员主动内升

1.我们确立了以课题为支点的教研组、备课组教研共同体运行模式。流程如下：

（1）提炼研究课题。

期末大家总结学期学习共同体实践情况，提炼出下学期本学科要攻克的主要问题，假期中对问题进行分析、论证，形成课题，撰写开题报告。

（2）确定研究计划。

开学初，教研组研讨本学期课题研究目标、重点、任务分解、研究方式等，完善研修规划。备课组在学科组大课题之下，有自己要突破的子课题。每位老师都要开放自己的课堂，每学期至少上一节研讨课，供大家观摩研讨。

（3）开展研究活动。

教研组针对课题开展有组织、有计划、有方案、有评估的教研活动。开学初，教师发展中心组织教研组长进行开题论证；期中根据研究计划进行，开展基于课例研究的教研活动；期末，全校所有教研组进行课题总结。

2.学校将教研组考核细则与教师日常工作契合，达到高效完成一个任务实现多项收获的效果。细则中突出了每学期承担校级研讨课的加分，推出后校级优秀课例教研更加积极主动。市区校级公开课、研讨课、焦点课、开放课等每年每人至少一节课，50岁以上的教师承担组内单元设计说课等。

3.我们采取教学干部跟教研组的方式保障教研的实效性，每学期根据干部的时间安排变化，教师发展中心会定期调整跟组安排，干部定期在行政会上进行教研反馈，以引导教研组聚焦问题，加强了教研组之间的经验分享。

4.在校级研讨课展示后，各教研组长带老师们进行分组复盘研讨，基于各组的复盘反思，教学干部汇总可以固化的优势做法，提炼需要下一阶段进行突破的关键问题，在教师全体会上进行集中反馈，引领老师们不断在反思中革新。

建设教师学习共同体　促进课堂教学深度改革

北京市丰台区草桥小学　陈维香　王巍然　周春梅

草桥小学为一所农村校，教育教学质量却一直名列全区前列，这得益于教师学习共同体和学生学习共同体建设的扎实、高效。以学习共同体建设为途径，促进课堂教学深度改革，满足教师的发展需求，只有教师不断发展，才有可能促进学生的发展，这样学校才会发展。

一、通过自我诊断，建设教师学习共同体

发展是人的发展，是人的潜能和优势不断完善才能发展。所以学校发展是一个挖掘优势的过程。在挖掘优势的过程中，也会发现自己的问题，但是这种问题可以在扬优汰劣中得以解决。全校进行学科教师组织文化自我诊断，通过分析、学习和专家的指导，我们通过学习共同体的建设，解决在"自我诊断"中发现的问题。"共同体"的建设包括建立"关怀的共同体"——让学生在安静、安心的环境中学习；"学习的共同体"——让学生在自我探究、合作交流中进入深度学习，促进学生思维的发展。

二、通过专业引领，建设教师学习共同体

（一）专业引领，保障研究的方向和进程

每个人对"专业引领"这个概念理解不同，我们认为，专业引领是顺乎专业活动本身规定，进行认识、引发与践行。也就是对专业活动的内涵及其方向思路，进行理性认识的启发引导，并在具体活动操作实施中示范带领，同时结合教师实际，使教师领会并能够操作。它不同于专家引领。我们请日本教育家佐藤学教授作为学校"专业引领"专家，请各个级别的教研员参加我们的研究，力争在把握学科本质的前提下，设计出有价值的问题串，将学生的学习引向深入。

（二）解决困惑，提高研究工作的实效性

任何工作都会遇到或大或小的困难，那么针对所出现的研究中的困难点，进行科学分析和有效解决则是体现工作实效性的重要标志之一。问题解决了，就会进步。其实学校工作就是在不断地解决新的问题中逐步完成的。

（三）分层次解决问题，建立不同的微共体

由于教师在研究中出现的问题不同，我们采用了能够同组解决的就同组解决，不能解决的校内解决，通过建立不同的微共体的方式，解决不同层次的问题。如果还解决不了的请专业人士进行指导，确保研究工作的顺利进行。总之，发现问题，科学地分析和解决问题是工作顺利进行、提高实效的重要环节和保障。在此过程中，专业引领必不可少。

三、通过融智过程，促进教师学习共同体的建设

（一）融智过程是激发新的需求的重要途径

在建立学习共同体过程中，教师在一起研讨交流，就会产生智慧的火花，一种新的想法、一种新的做法的出现，都会使老师们在原有的研究基础上产生新的需求，这种需求表现为：研究方式的改变；教学方式的改变；新的目标的确立……

（二）融智过程是保证研究有效的重要环节

任何一项研究如果方向是正确的，方法是得当的，那么研究的效果必然有保障。但是一个人的力量太有限，只有群策群力，找准适合自己的科学方法才能达到事半功倍的效果，这也是建设教师学习共同体的重要性。课程改革中，根本上的改革就是如何从"教"到"学"的转变。发挥教师学习共同体的优势，站在学生的角度去研究教材、分析编写意图，设计出符合学生学习规律的教学过程，真正实现从"教"到"学"的转变。

（三）融智过程是实现教师发展的重要过程

以学科点的形式，通过学习共同体建设，促进课堂效率的提高。教学中最难的就是将一种新的理论学习转化为教学行为。结合学习共同体的教育理念，学校用学科骨干教师带动全体教师。

以学科线的形式，通过学习共同体建设，推进课堂效率的提高。有了骨干教师的先行以及专家的亲自指导，学习共同体课堂发生了根本转

变。课堂是学生的，他们是学习的真正主人，学生在课堂中表现出来的前所未有的研究热情深深地触动了每一位教师。

以学科面的形式，通过学习共同体建设，实现高效课堂的提高。大部分的教师都自觉地通过学习共同体的建设，落实到课堂下的课堂实践中。在教研中，教师们都感受到了学生的变化，同时也感到教师角色受到挑战。学习共同体的课堂，促进教师和学生的双发展。

四、通过群体智慧，保障科研工作的实效性

教师理念的更新、工作方式的变革、教育教学效果的提高都是得益于在课题研究中的不断成长。在不断研究中发现问题，科学地分析问题，有效地解决问题这样循环往复中满足着教师的需求，促进着教师的发展，确保科研工作的实效。

教师们在学习共同体中相互交流、分享经验、探讨创新方法，共同钻研课堂教学的深度改革，剖析每一个教学环节，寻求突破与提升，这个过程是凝心聚力的过程，最终形成一支有情感有智慧的教师学习共同体。

通过课例研究促进教师学习共同体建设

北京市丰台区草桥小学　王巍然　陈维香　周春梅

佐藤学在《学校改革：学习共同体的构想与实践》一书中，谈到了"教师间同僚性的构建"。他认为，学习共同体学校改革的目的之一，在于构建能够不让一名教师掉队、保障每一位教师都能作为教育专家不断成长发展的学校。由此可见，教师学习共同体的建设对于学校共同体改革起到至关重要的作用。如何建设教师学习共同体呢？书中提供了解决方案，即"其根本在于展开课例研究"，结合学校的实际情况，确定了通过课例研究，促进教师学习共同体建设的实施方案。在实施过程中，大致采取了以下两种形式。

一、基于"课堂文字记录"的课例研究，实现教师多方面的转变

课堂文字记录的课例研究指的是将课堂中师生的教学活动（包括语言、肢体动作、神态表情等）以时间为线，用文字详细、客观地记录下来。参与教师可以根据文字记录还原出课堂中发生的事实。

实际上，无论是国家课程方案，抑或是各式各样的学习理论，无不

谈到教与学的关系问题。对于"学生是学习的主人"老师们一致认同。但在自己的课堂上，大多数教师又回到了以讲授为主的授课方式，听者虽觉有不妥之处，但也拿不出令人信服的证据。而"课堂文字记录"的课例研究方式，恰好可以解决这个问题。当师生间的每一次对话都被文字记录下来的时候，学生是否真的成了学习的主人？一节课中，到底有多少时间学生在真正的学习？在文字记录的字里行间里彰显无遗，证据确凿。教师们在阅读"课堂文字全记录"的时候，无不在潜意识中和自己的课堂进行对照与反思。

"课堂文字记录"的课例研究也可以提取某些教学片段，让老师们进行聚焦性的阅读。在教学重点环节，学生的学习权利是否得到尊重，学生采取的是何种学习方式，教师是否关注学科的本质，学生的学科素养是否得到关注等一系列重点问题也可得到有依据的判断。

经历这种课例研究方式，教师们基于事实，谈自己的感受，基于自己的认知经验，诠释行为背后的原因，进而决定自己的行动方式。在课例研究的背后，教师们经历了一次高效的反思过程。

教师们在经历了课例研究之后，至少在四方面得到了转变。

（一）从关注教到关注学

关注学生的学习要了解并尊重学生已有的经验，要遵循学生学习的思维路径，要在协同学习中让所有学生都能发生真实的学习。

（二）从关注知识到关注学科本质再到关注核心素养

教师要想方设法从真实的情境或现实的问题出发，让学生在问题解决的过程中积累有益的经验，最终要在学科本质或学科素养上有所获得。

（三）从主观判断式评价到以事实为依据评价。

尝试用数据量化的形式去解读课堂中发生的事实，理性诠释自己的观点，如座位图、学生回答的人次、提问的次数等。

（四）对课例研究的正确看法

接受自己的课如被手术刀解剖一般，是需要很大勇气的。要让老师了解到课例研究并不是评价老师，而是通过对课堂中发生的事件的聚焦来研究如何做才能更好，如何才能保证学生真实的学习发生。

课例研究如同一面镜子，每一位教师在研究的过程中都会对照自己，都会从中看到自己的影子。而全体教师在课例研究的过程中，也逐渐达成了共识，将全体教师的共识梳理出并结构化，从而形成了学校课堂改革的共同愿景。

学校的共同愿景在许多方面和学习共同体不谋而合，如营造师生关系和谐、温暖的课堂；保障每一个孩子公平而高质量的学习权利；相互倾听、相互学习的课堂关系；让每个孩子勇敢表达；和谐的伙伴关系等。

二、完善常态化的教研方式，促进教师学习共同体的建设

（一）规范教研的组织形式

如何将共同愿景落到教学工作的实处？规范学校的常规教研方式至关重要。

为保证每一位教师都能参与到研究的过程中，学校研究制定了"常态化教研的基本规范"。

第一步：年级组集体备课。

第二步：一位教师进行研究课的展示。

第三步：一位教师进行研究历程的说明及目标达成的解读。

第四步：两位教师进行从学生学习的角度进行观课汇报。

第五步：所有学科教师结合自己的研究课题进行有针对性的观课。

在整个研究过程中，所有学科教师均参与其中，教师之间构建出了一种相互学习的同事关系。在学生学习的事实中，教师共同挑战并创造学生学习的事实，互相观察学生学习的真实情况并从中相互学习及反思对照自己，逐渐形成跨年级组、跨学科组的教师的学习共同体。

（二）规范观课汇报的形式

第一步：基于事实谈观点。

第二步：诠释原因谈思考。

第三步：反思自己谈改变。

第四步：行动落实谈方案。

每一个观点的提炼，实际上就是这位教师在这节课中学到的以及要在自己的工作中改变的。对一节课的观察，从关注教师如何教转变到关注学生如何学，要关注是否所有的学生都发生了真实的学习，且所有观课者都必须要深入到学习小组中去观察并记录。教师们根据自己的研究课题或关注重点进行有针对性的观课，如协同学习中学习力高的同学是如何学习的；学习力低的同学学习是否发生；协同学习中是否具备高级认知责任；伙伴关系和倾听关系的建立对学习的影响与促进等。

教师逐渐从一个研究实践者实现了初步的专业性成长。在观课的过程中不断关注学生的学习，观察、了解、发现、研究学生的学习规律，从而不断改变自己的教学。正是在这种相互学习的专业性成长的过程中，形成了教师的学习共同体。

　　教师学习共同体的建设绝非一蹴而就，而是在经历了不断地学习研究，不断地改变与调整，不断地在专业性成长的过程中逐渐形成的。这种教师学习共同体文化一经形成，将实现教师专业的可持续成长。

开展有效教研　稳步推进共同体教学

北京市丰台区丰台第五小学　赵艳霞

随着学习共同体的不断深入，学生发展上仍然存在很多问题。学期初，我们深刻剖析，精准锁定校区教学发展中的真问题：教师教的目标不精准、不深入，总是停留在细碎的知识认知上，课堂呈现碎片化、扁平化、无趣化、低效化；学生学的过程欠自主、欠深度，仍然有受制于单一细碎而又低意义的指令下被动学习的现象，没有在深度学习中引发高阶思维的发生与发展。

真实的问题引发我们的真思考，真思考帮我们确定了教学研究的目标与方向："聚一个核心""研两条主线""夯三项重点"。

一、聚一个核心

教学工作看似庞杂无章法，实则是万变不离其宗。这个"宗"，即课堂。因为学生的"学"、教师的"教"大部分是在课堂中完成的，那么课堂就成为解决教学真问题的必要路径。我们的研究主题为："基于精准目标与支架，构建有效课堂。"

二、研两条主线

（一）常规教学，提升教师的"教"、学生的"学"

我们以常规教学为抓手，从四个层面研讨与实践，一次性提升教师"教"的专业度、学生"学"的深入度。

1. 上课前——聚焦核心，系统分析。

备课上，从聚焦核心出发，以系统分析为主，对教材核心要素的系统分析，熟谙学科的本质属性、核心要素，本学科知识与生活的联系以及学科间的贯通，尝试单元整体教学与综合性课程的研究与实践，增强常规教学的深度。

在集团各学科备课培训基础上，我们先后开展了以教研组为主，年段大组为辅的文本解读和集体备课，旨在基于精准目标与支架，构建有效课堂。

2. 课堂上——目标导向，支架搭建。

组织老师明确课堂研究重点，即基于精准目标与支架，构建有效课堂。

（1）精准目标从哪儿来？

从学科课程标准中来——要遵循；

从教材核心要素中来——要紧扣；

从学生最近发展区来——要结合。

（2）学习支架有哪些？

在对学习支架的研究与实践中，语文学科注重多种学习支架的搭建；数学学科注重学习单的设计与使用；英语学科注重单元整体情境创设；科任学科注重实操体验支架的搭建，以此推进共同体教学实践，以教师教的"有深度",引发学生学的"有深度",构建有效课堂。学习支架梳理归纳见下图。

搭建精准学习支架,构建有效课堂

学生需求与困惑 潜心把握学生的学习需求与困惑,让真学习真发生	**真实的生活情境** 将知识嵌入真实生活情境之中,让真学习真发生
动手实践、操作及体验 设计动手实操环节加大学生体验,让真学习真发生	**观点、分歧矛盾点** 注重倾听辅捉观点分歧矛盾点,让真学习真发生
生成性错误资源 利用并强化课堂生成性错误自愿,让真学习真发生	**收集、拓展的学习材料或资源包** 拓展扩充学习材料系统比较异同,借助资源包,让真学习真发生
大字报、课文纸、板书及其他可批画的可视性资源 呈现思考路径和认知差异,让真学习真发生	**预学单、研究单、任务单、报告单** 组际传阅学习单、任务单求同异,让真学习真发生
图片、音乐、影像、直播连线等声像资源 让真学习真发生	**核心问题、挑战性问题** 问题引领探究与思考,让真学习真发生
思维导图及其他可视性思维图表 嵌入理解、感受、鉴赏、创造,让真学习真发生	**协同学习任务或任务群** 基于单元整体视角,让真学习真发生

(3)学习支架何时用。

用于现有发展区与最近发展区衔接处、用于核心要素(教学重点难点)递进处、用于学生低阶思维与高阶思维进阶处。

(4)学习支架的设计使用标准(此为评价量规学习后新的思考)。

丰台五小科丰校区教学研究主题——基于精准目标与支架,构建有效课堂
《搭建精准学习支架,构建有效课堂》评价量规

评价项目		评价标准及等级描述			生评	师评
		A(10—9分)	B(8—7分)	C(6—5分)		
学习支架	目标性	搭建的学习支架与学习目标高度契合,能很好地辅助学习目标的高度达成	搭建的学习支架与学习目标契合,能辅助学习目标的达成	搭建的学习支架与学习目标较为契合,基本上能辅助部分学习目标的达成		
	实操性	搭建的学习支架适用于课堂教学,特别是适用于学生的学,有较强的实操性	搭建的学习支架比较适用课堂教学,能够适用于学生的学,有一定的实操性	搭建的学习支架基本适用于课堂教学,能够用于大部分学生的学,有实操性		
	关联性	搭建的所有学习支架彼此间有较强的关联性,撬动学生整体学习,有意义的学习	搭建的学习支架中,有大部分彼此间有一定的关联性,基本上能促进学生整体学习	搭建的学习支架中,个别支架间有一定的关联性,个别能启发学生整体学习		

续表

评价项目		评价标准及等级描述			生评	师评
		A（10—9分）	B（8—7分）	C（6—5分）		
学习支架	发展性潜进性	搭建的所有学习支架遵循学生认知及思维发展规律螺旋上升，促进学生高阶思维的发生发展	搭建的学习支架能够遵循学生认知及思维发展规律，一定程度上促进学生高阶思维的发生与发展	搭建的部分学习支架基本遵循学生认知及思维发展规律，部分支架有促进学生高阶思维发生发展的可能		
	实效性	搭建的学习支架适时适度，彼此关联，呈现层级递进，很好地推动学生的学习走向深度	搭建的学习支架较为适时适度，彼此有关联，基本呈现层级递进，能推动学生的学习走向深度	搭建的学习支架部分适时适度有关联，基本呈现层级递进，个别能推动学生的学习走向深度		

3. 教学中——明晰问题，过程诊断。

常规教学从明晰问题出发，以过程诊断为本，上好每一节课，批好每一本作业，做好每一次检测（统测分析）。在开展备课、上课、作业、周测、单元检测、形成性评价以及期末质量检测的四级监控中，展示交流，研讨互学，推动教师的"教"与学生的"学"走向深入，让常规教学有深度。

本学期培训分享检查交流活动如下表：

时间	内　容
2020.09	校区常态巡课，观课
2020.09	校区统测教师经验分享：张同老师《指向语文素养的阅读能力提升》、史雪利老师《学会僧习作质量提升策略》
2020.10	《三科联动，提升学生学业水平》统测年级教师培训
2020.10	教研组、校区作业互学交流
2020.10	教研组、校区阶段单元检测分析交流
2020.11	《夯基础养习惯重细节巧点拨，切实提高学生实际获得》学期中教学研讨培训
2020.11	《学困生补课有情有法有提升》期末学困生辅导培训
2020.12	《期末佳续君须记，最是习惯用武时》期末复习考试动员
2021.01	校区期末考务培训

4.研究上——课题引领，创新助力。

在教学上特别加强了教科研力度，改变了以往主管重布置工作，安排活动的盲目性、无序性，努力从科研的角度，提升自身及校区教师的研究力度、实践水平和专业高度。

第一，加大校区、主管引领科研的力度。

第二，增加各项教学科研工作的深度。教学工作布置实施不盲目，不急于求成，而是力争做到每项工作都要做到先调研，再论证，继而实施，确保老师们的工作趋于科学严谨，有专业高度。

第三，拓宽教师参与科研的广度。更加重视教师反思总结，撰写科研论文能力的提升。鼓励教师做好一周一反思，依托校区群、年级群分享，积累教学经验成果；助力教师参与市区级科研成果评选，做好文件解读、定点指导、整体反馈、集中修改等环节的指导。

第四，发挥区级重点课题的科研宽度。校区依托低中高年级三项区级课题，将课题与学科学习融合起来，带动校区师生的研究发展。

（二）集体共研有高度，提升教师的"教"、学生的"学"

加大教师共同体的构建，积极发挥集体共研作用，不断提高集体共研高度，进而提升教师的"教"与学生的"学"。

1.每日一文，坚持集体共读共研。

秉承校区"阅读悦成长"愿景，在集团共读基础上，开展"每日一文"共读共研活动。骨干组长推送，每日同读一文，对接现实现状，解决问题困惑，提高课堂实效，在共读共研中同情同理，让集体共研有高度。

2.每周一课，持续集体观课议课。

在全员巡课基础上，持续开展骨干组长引领课、青年教师邀请课、教研组定点课等活动，课前有"研讨（观课）重点"；课中有"定向观课记录"；课后有"靶向议课共研"，让"每周一课"实现课前真研，课中真观，课后真议，让集体共研有高度。

3.每月一讲，开展集体互学互促。

立足师生发展需求，发挥主管、骨干、组长引领辐射作用，定期开展定向学习与分层培训，就常规教学、课题申报、课程开发以及共同体教学等方面进行共研互学。

时间	内　容
2020.09	《明目标　析重点　巧规划　妙整合》校区教学计划解读与培训
2020.09	《潜心研究　用心实践　构建扎实有效的深度课堂》校区组长培训
2020.09	《经验共享疑义同析——统测教学经验交流》校区教学培训
2020.10	《基于精准目标与支架构建有效课堂》校区共同体研讨培训
2020.10	《共研同备，构建扎实有效的深度课堂》，校区低中高年段文本解读培训；巡课观课后的教研组集中说课指导
2020.11	《基于精准目标与支架构建有效课堂》校区语数英学科观课议课培训
2020.11	《基于精准目标与支架构建有效课堂》集团巡课反思总结

三、夯三项重点

（一）习惯细夯实

培养学生终身学习能力是功在当下利在千秋之事，本学期，我们把夯实学生学科学习习惯放在重要位置，开学初推行了"学科习惯养成计划"系列活动，明确了全员参与，全学科贯通，全过程监控的要求，通过争做"最美倾听者""最慧思考者""最善表达者""最佳质疑者""最能合作者"活动，培养学生倾听、思考、表达、质疑、合作等学习习惯及能力。一个月一个周期，持续一个学期，极大激励了学生参与热情，夯实了学科学习习惯，取得了较好的效果。

（二）文化慢构建

共同体不仅仅是一种课堂学习模式，更是一种浸润心灵的文化与思想。本学期，我们在原有共同体文化的构建基础上，做出了微调。各年级各班级依据学生的认知水平和班级文化构建方向，提出了相对统一而又各不相同的文化愿景，如低年级更注重倾听文化的构建，中年级关注人际交流文化的构建，而高年级则倾向于个性化思考文化的构建，而表现方式也各不相同：低年级共同体文化的构建，主要集中在策略方法上，形式上则多以童谣、"三字经"体现；中年级共同体文化的构建则主要集中在方法策略的互动交流上，形式上又增加了一段话的表述；高年级的共同体文化，则不再停留在简单的策略方法层面，而是逐步走向内心或精神层面，多以凝练的语言呈现。

（三）学科真活动

1.学科周测夯基础。

语数英学科开展周测，一周一个学科，循序渐进地帮助学生夯实学习效果，巩固学习成果。

2.学科闯关激斗志。

各年级开展学科闯关活动，带领学生"跳出"课本，不做"井底之蛙"，很好地激发了学习的斗志。例如六年级的国学知识闯关，就让学生们大呼过瘾！

3. 学科实践开眼界。

英语嘉年华、足球嘉年华、科技挑战月、悦书读书月、心理专题会等系列学科实践活动，让学生大开眼界。实践体验过程是对课堂学习、教材学习的极好补充与拓宽。同时，学科的融合学习也促进了学生综合素养的获得。

以语文为例，读书月的系列微课《书籍的前生今世与未来》《读书文化古今谈》《图书馆的美丽邂逅》《图书馆里的秘密》就以书籍为核心，融合了多种学科的知识，得到师生们的喜欢与好评。

"乐"研路上"幸福"花开

2012年丰台五小鸿业校区建校，成为五小集团的第三所分校。秉承着五小幸福教育理念，形成了教师"乐育"、课堂"乐学"、学生"乐创"、家校"乐信"的乐学实践体系。

2017年跟随着集团教改步伐，邂逅了学习共同体。结合校区实际，探索着促进校区发展的研究之路。

一、课堂微观察——"促进学生真学习"的研究之路

以"微观察"作为研究路径，练就教师"蚂蚁之眼"课堂观察的本领。

2017年9月我们进行了一次特殊的教研，一起观看了名为《地球上的星星》的影片：有这样一个小男孩，书中的字母在他眼里总是能跳起舞来。一位美术老师通过自己细腻的观察，发现孩子是个阅读障碍者，通过鼓励和特殊帮助，最终使小男孩摆脱了孤独，走向了优秀。

老师的细腻观察是可以改变一个孩子的人生轨迹的。鸿业校区老师注重微观察研究，并沉浸其中。我们通过孩子的微表情、微行为和微语言，来观察他们的学习到底是怎么发生的。

1. 多维度的微观视角。

课堂上，我们的微观角度、内容都有所不同，多维的视角，提供的研究依据也就不同。

微观"话语权比配"——建立彼此关爱的伙伴关系。

在小组交流过程中，经常出现这样的对话现象：一个滔滔不绝将自己的想法表达出来；另一个要不就是没想法，要不就是没说几句就被抢话，完全没有话语权。可见，这样的同伴关系是不和谐、不公平、不安全的，学生的学习怎能真发生呢？于是我们在构建安全、安心，彼此关爱的伙伴关系上下功夫。

微观"倾听"——建立高质量倾听的学习关系。

我们记录倾听时是否有耐心、是否能够与自己的思考进行连接，来分析倾听是否有质量。

微观"解决问题策略"——搭建有效的学习支架。

我们记录学生研究问题时所用的时间、观察他们采用的研究策略，遇到困难又是通过什么途径解决的……于是，老师们开启了搭建有效支架的研究。

微观"教师串联语"——教师有效促学语言。

课堂上我们还记录教师说话的时间、内容以及串联的时机、效果，又引发了老师对促进学生思维提升语言的研究。

多视角的微观察为课堂改革提供了权威依据，打开了团队教研视野，也为课堂改革提供了新的路径。

2. 多样态的微观场景。

个性问题诊断——持续"贴身"微观。

对于学生个体学习力的诊断，我们一般采用持续贴身微观，教师要做到不打扰、不介入，记录描述越细腻越好。

共性问题挖掘——年级"纵向"微观。

我们通过纵向对比微观，捕捉年级共性问题，发现班级差异。这对提升全年级整体学生学习力有很大的帮助。

系统深度支持——班级"异课"微观。

班级异课微观，是指一个班级的所有学科教师聚集在一起，在同一天连续对一组学生进行持续微观，通过数据的对比分析，来反观自己的教学行为，找准研究发力点。这有助于教师形成研究合力，为学生学习发展提供更加系统深度的支持。

二、挑战性任务研究——"促进学生深度学习"研究之路

我们就以挑战性任务设计为抓手，来实现学生深度学习的发生。

1. 立足思维发展的挑战性任务研究。

翻看不同学科的课标，会发现都不约而同地指向思维品质提升。我们梳理出三种聚焦思维发展的挑战性任务类型。

（1）进阶式挑战性任务，是指挑战指数不断升级的子任务，它有助于调动学生头脑最深处的思维，引领学生不断挖掘本质，推动深刻思维的发展。

（2）冲突式挑战性任务，我们常设计能让学生辩论起来，有思维冲突的任务，学生通过有依据的辩论，从更多的角度、细节中对信息进行重构，形成自己的理解，有助于激发审辩思维的发展。

（3）开放式挑战性任务，答案不唯一，解决途径也是更加多元，能够更好地促进学生广阔思维的延展。

2. 立足单元主题的挑战性任务研究。

单元主题式学习是实现学生学习深度发展的重要途径，每学期学校

的学科团队都会聚焦一个领域进行深度研究。

3. 立足项目学习的挑战性任务研究。

项目式的学习更具综合性，于是我们将真实发生问题、高阶思维发展都嵌入解决项目任务过程中去。

2022 年学校进行了"小蘑菇、大学问"综合项目研究，各学科教师带领学生从"是什么""为什么""怎么办"几个维度提出问题，师生共同经历问题筛选全过程，确定出各年级项目的挑战任务。

三、自我内省调整——推动教师不断遇见"新我"

随着教师对课堂实践研究的细致与深入，我们不断将研究成果转化为教师的自主教学行为，最终的目的是要实现教师的专业智慧成长。

教学设计时，怎样让每个环节都发生得有意义？我们的老师已经形成良好的不断自我追问的备课行为。

在一次一次自我对话、自我诊断、自我完善的过程中，我们的设计让学生的学习从"研究真好玩"到追求"研究有意义"；让目标从"要得多不落地"走向"精准和聚焦"；让协同学习从"各说各的"发展到人人都有"新发现、新结论、新提升"。

学习单、学习提示、学习助手、流动学习是我们在大量实践中总结出的非常有效的促学支架，老师们也梳理出四种支架的设计标准，用来帮助自己更好地判断支架的实效性。

在学习共同体的研究中，我们每个人都在最美的课堂与最美的自己相遇，也与最幸福的自己相遇了。

联盟教研共发展　赋能蓄力同成长

北京市丰台区丰台第五小学　周爱萍

佐藤学教授说："学习共同体学校改革的主要目的之一，在于构建能够不让一名教师掉队、保障每一名教师都能作为教育专家不断成长发展的学校；要构建互相学习的教师同僚性。"

为此，学校组建了数学教研联盟，我们"联"集体之智，"盟"众人之力，在学习共同体的大道上一路前行。

一、因"学"教研，至真至准

学习共同体的课堂强调以学生为中心，以学生成长为中心，为此，我们认真教研，找出真问题，精准指导。

（一）研究学情

目的是以学定教，聚焦学生的学习基础，明确挑战和发展方向，这也是学生真实学习的需要。

（二）研究学法

会学是学习的最高境界。我们研讨确定以课前课中课后"三位一体"进行指导，这是针对高年级学生特点的指导方法。

1.课前科学预习：做到四真——真预习、真探究、真质疑、真反馈。

2.课中高品质学习：做到八会——会思考、会质疑、会倾听、会表达、会欣赏、会合作、会总结、会应用。

3.课后及时复习：四环节——完善笔记、知识梳理、错题整理、探索发现。

（三）研究评价

为达到以评促学、以评促改的效果，我们将多种评价方式相结合，激发兴趣，助推素养真正落地。

二、因"势"教研，破旧立新

（一）学习领航，理念更新

首先，学习课程标准，深入领会核心。其次，学习前沿理论，拓宽研究思路。通过学习，老师们对科学前瞻的教育理念内化于心，为后期的外化于行打下坚实基础。

（二）提升品质，课堂革新

要实现高品质学习，课堂必须改革，我们围绕着问题引领、深度学习进行了实践研究，也有了一些突破。

1.备课。每学期至少会有四次集团横向贯通式大研讨，开学前集体单元梳理、单元备课说课；学期中间，集团巡课交流；考试前，复习交流，经验分享；考试后，复盘反思；在具体实施时，各校区开展纵向主题式研讨，再次发挥集体的智慧。在横纵研讨中，我们收获颇丰。

（1）备课流程精细化。

我们更加注重单元备课的系统性、关联性、递进性、结构性。我们对教材横纵分析，目的是明确"生长点""延伸点"；为更好地设计挑战性问题，我们做前测，将项目式学习融入常态课，贯通整个单元，让学生做中学、用中学、创中学，培养学生的创新精神、实践能力、综合素养。

（2）学习支架多样化。

学习量规：经历了五次迭代，三大变化，更加体现明确具体的学习目标、丰富有效的学习支架、思维可视的表现性评价。每次细微的变化都是老师们为了学生发展不懈追求、不断突破自我的体现。

（3）设计数学学习单。

学习单是学生深度学习的重要支架，我们尽量体现：学习量规、挑战性问题、多元探究、对比总结、分层练习、持续思考、回顾梳理。

（4）设计结构化活动。

如在种子课《除数是整数的小数除法》一课上，我们以两个进阶性的学习任务、四个层级性的关键问题引领学生深入感悟知识本质的一致性。

（5）设计结构化板书。

力争体现以下几点：知识本质、数学思想方法的总结、内在关联。

（6）设计学习小锦囊。

学习共同体的课堂，不能让任何一个学生掉队，这就需要我们关注个体差异，因材施教，为孩子们提供学习锦囊，为稍弱的孩子及时提供了有力支架。

（7）作业设计系统化。

围绕单元目标，整体规划设计有针对性的作业。

我们的备课经历了这几个发展阶段：从只关注一节课→关注一个单元→关注大单元→以项目思维设计大单元，这当中离不开团队每个成员的智慧共享。

2. 上课。佐藤学教授说，学习的实践是对话的实践，课堂上教师的首要任务是引领学生能够围绕挑战性问题进行深度探究、深度对话，在深度串联、深度拓展中让学生深度发展。经过多次教研，形成了数学共同体教学的大致流程。

（1）个人独立探究。自己研究教材，独立备课。

（2）同伴首次对话。围绕挑战性问题，重在说清"是什么""为什么"。

（3）同伴再次对话。收集学生多样化的方法，让学生静静地观察思考，尽量把学生理解的差异消化在小组里。

（4）全班聚焦讨论。聚焦问题的核心交流，教师把握时机，找准炸点，引导学生及时"反刍"，在精彩思辨中逼近知识本质。

（5）教师有效串联。串联是教学的核心，也在多次串联中让学生由点到面，由内到外，逐渐深化并形成知识网络，思维也更加开阔。

（6）内化提升练习。设计有效的练习。

（7）反思总结收获。

在整个课堂中，自始至终以学生的学习为中心，让学生的思维在对话中、串联中、反刍中逐渐深化，努力让真实的学习、深度的学习在每一位学生身上发生。

3. 听课。每学期老师之间要相互听课交流。

4. 议课。变观教为观学，通过学生的学习状态来反观教师的教学。

5. 反思。每次实践过后老师们反思，并为此制定个人研究专题，促使自己持续发展。

（三）丰富活动，形式展新。

为培养学生的创新思维、实践能力和社会担当，团队成员多次教研，精心设计学科实践活动。

三、因"需"教研，机动灵活

根据老师们随时生成的问题，随时随地教研；校区、个人遇到特别难题时，会有经验丰富的老师去现场贴身指导，最大化发挥集团教研联盟的优势。

一分耕耘，一分收获。数学团队各位老师精诚合作，各方面取得了很大的发展。教研联盟形成团队文化。主要体现在"五个一"：一种诊断：认清自我；一种氛围：团结互学；一个习惯：学思结合；一种精神：亮剑精神；一个目标：品牌学科。而这也正是我们"协同研究、追求卓越、相互支持、共同成长"的同僚关系的体现。

基于学习共同体理念的学校教研创新

北京市丰台区第八中学　王建婷

丰台八中立足学生素养的培育，基于学习共同体的理念，不断优化学校教研，逐步形成了基于课堂观察的"双轨互联"教研机制，学科组主题教研聚焦创新素养，年级组班本教研聚焦合作素养，教研成果互联互促，引领学生深度学习。

2018 年，学校正式加入了北师大教师教育研究中心的"中小学学习共同体建设研究项目"，学校开始了由主题教研向"双轨教研"的进阶探索。

基于教研组的研讨主要还是注重学科知识的研讨，而且针对学生的高阶认知与学习方式改进的深入研讨不够的问题，我们充分发挥教研组在学科教学研究优势，通过研究高品质学习任务，引领学生卓越学习。

一、高品质学习任务，引领学生卓越学习

佐藤学教授认为学习真正发生的课堂具备三要素：基于学科本质的学习，互相倾听的关系，创造性、挑战性学习。我们通过研究基于核心概念的挑战性任务的设计，给予学生更大的思维空间，让学生感受到心

智挑战，激发学生产生自主探究的内在推动力，引领学习走向深入。

策略一：鼓励教师问题设计要考虑到让每个学生都能"跳跳脚"达到自己的最近发展区，兼顾到所有学生的能力水平，帮助所有学生在自己原有水平上有所成长，激励每个学生都努力追求自己的卓越成长。

策略二：鼓励教师设计有趣且又具有较大思维空间的问题。问题最好能引发学生的认知冲突，让学生感受到心智挑战，形成自主探究的内在推动力，让学生呈现多元的思考方式和学习成果，而不仅仅是找到唯一的、确定的答案。

针对学生间相互学习关系的问题，我们发挥年级组研究学生的优势，开展了构建良好倾听关系、营造润泽课堂氛围的研究。

二、构建良好倾听关系，营造润泽课堂氛围

探索之初，针对普遍存在的学生倾听交流能力低的问题，年级组织教师开展"初中生倾听能力培养"的课题研究，构建了课堂倾听模型、实现了教学行为的转变、教学语言的转化以及摸索出教师课堂中走位和暗示串联的策略；而"我喜欢的课堂"的主题活动，更是激发了学生对构建理想课堂生态的积极性，楼道里贴满了学生们自己对理想课堂的描绘，这些公约对学生课堂行为也起到了积极的暗示和引导作用。

三、课例研究为核心，多维协同聚力成长

佐藤学教授说：教师获得专家性成长的主要方法在于"实践与理论的统合"，其根本在于展开课例研究。实践中，我们教研组和年级组研讨主题虽各有侧重，但都基于课例的研究展开，两个共同体在课例研讨

时是协同作战、合力攻坚的。

我们课例研讨都是基于课堂观察，扎根学生学习事实的精细化的分析。老师们在课堂上用相机记录下课堂上真实发生的故事，用笔记录下学生学习的关键事件。观课结束后，大家会基于这些"有图有真相"的课堂事实进行深入研讨，挖掘教育内涵，同时同伴在研讨基础上形成进一步实践的建设性策略，将课堂研究引向深入。

教研组、年级组老师虽观察侧重角度不同，但都聚焦于学生课堂学习真正的发生、高阶能力的培养。为了更好地进行数据分析，提高研讨效果，我们逐步形成并迭代了教师课堂观察记录表、班级主题研究思路表等工具。

班主任和学科教师结合大家的发言，进行数据汇总，梳理提炼教研的研究主题，并在主题之下，针对本班每个小组、每个同学的实际情况，不断收集证据、深入分析，制定针对性的调整策略，进行"闭环"研究和实现重点突破，促进学生整体提升。

针对教研延续性、进阶性不足的问题，我们也进行了探索。在课例研究中，我们尤其关注教师的研讨和反思，提炼了反思的基本内容。在原来研讨环节基础上，增加了研讨反思和优化再实践、固化迁移再反思的环节，形成了学校特色的"大闭环教研"。

四、闭环研究路径，师生研究走向深度

课例研讨之后，所有参与教师会整合观察员的观点，省察自己提出新的思考以及下一步的实践思路，教研组、年级组会带着大家就研讨成果，再次实践。

再实践有两种途径：一种是同备课组其他教师就同一内容，在另外

的班级进行实践，验证研讨成果优化的成效。这种是比较常用的方法，教研的效果对比非常明显。一种是学科组所有教师就研讨出的"学科通用策略"，在不同单元内整体进行实践。

闭环研讨的过程其实就是教师通过一次次实践不断反思调整的过程，也是其原有知识不断扩展、丰富的过程。这个过程中，优势的做法慢慢被大家认同，成为固化的成果。同时，大家又会发现新的问题，开启新的研讨，从而实现课例研究（问题解决）的螺旋式上升。

几年的探索实践，我们紧抓学习共同体的核心要素，在发现问题、分析问题、解决问题中不断尝试，取得了一些初步的成效，今后我们会更加努力进行全方位的探索实践，为学生释放更多的自由发展空间，促进教师专业素养的跨越提升。

第八章

学校教学管理机制如何保障

"九个结合"推进学习共同体课堂变革

北京市第十八中学 管 杰

从 2016 年起，北京市第十八中学成为北京师范大学"中小学共同体建设研究项目"项目校，与学习共同体专家佐藤学教授团队合作，全面推进学习共同体课堂改革，至今已经进行了 7 年多的时间了。

一、具体举措

（一）与集团化办学相结合，整体推进

我们没有采取逐步推广的方法，而是整个教育集团，从小学一年级到高中三年级，所有年级和班级同时进行学习共同体课堂改革，不但营造了浓厚的改革氛围，而且不同的年级和班级可以互相学习、互相借鉴，共同提高，加快了改革的步伐。

（二）与学校文化相结合，生态推进

学校文化是学校的根，学校进行的任何教育、教学改革，都不能脱离学校文化，否则就会成为无根之水、无本之木。

十八中的"聚·宽教育"办学理念与学习共同体理念是相通的。在学校"聚·宽教育"理念引领下，我们将学习共同体与学校文化相结合，生态性推进学习共同体变革，用学习共同体为学生建设丰富的资源平台、宽广的锻炼舞台、贯通的学习台阶，为每个孩子在十八岁之前打下健康身体的底子、健全人格的底子、宽厚文化的底子、强大精神的底子，实现学生全面而有个性地发展。

同时，唤醒教师在学习共同体变革方面的"自发性"发展愿望，打通教师在学习共同体变革的内在诉求，激发教师在学习共同体变革的内在需要和潜能，生态性推进学习共同体变革。

（三）与学校办学特色相结合，校本推进

在长期的发展过程中，十八中形成了"三化三育"的办学特色，即集团集群化、数字化、国际化，科技育人、体育育人、艺术育人，取得了显著的成效，赢得了广大师生的好评和广泛的社会声誉。

在推进学习共同体课堂变革过程中，我们自觉地与学校"三化三育"的办学特色相结合，不改变学校原有的教育、教学生态，顺势推进项目学习，用学习共同体进一步深化学校的办学特色，进一步提高学习共同体变革推进的效率和效果，完善学校的课程体系，提升学校的办学品质，推进学校高质量发展。

（四）与其他教学改革相结合，融合推进

学习共同体与项目学习都以问题为引领，都指向深度学习，都主张突出学生的主体性，都提倡"自主、合作、探究"学习方式，都鼓励学生进行创新。两种模式可以相互借鉴，共同提升，两者相互促进，相得益彰，共同推动学生的发展。

（五）与教育信息技术相结合，智慧推进

信息技术能够将零散知识资源数字化，将平面资源立体化，将碎片化的庞杂的教育资源以知识图谱的形式呈现，为学习共同体构建提供充分的资源支撑。信息技术能够对学习共同体变革的相关信息进行收集、运算、分析，用大数据进行诊断和评价。

十八中是北京市教育信息技术 2.0 整校推进首批试点单位，从 2019年开始研究和实施教育信息技术 2.0 的整校推进，目前已经完成了信息技术应用设计微能力点的学习，推进了信息技术与课堂教学的深度融合，提升了老师们的教育信息技术 2.0 运用能力，为智慧推进学习共同体变革创造了积极条件，加大了学习共同体变革的智慧推进力度。

（六）与教师研修相结合，协同推进

在学生中推行学习共同体改革，同时也要在教师的专业成长中推行学习共同体。在教师研修过程中，不同的老师结成了不同的学习共同体。同时，还结成了师生学习共同体、家校学习共同体等，与学生的学习共同体互相推动，共同前进。例如，以不同类型的需求为牵引，逐渐形成了三类教师发展共同体：课例研究教师共同体、专项主题实践教师共同体、改革项目探究教师共同体，取得了显著成效，同时也推动了课堂学习共同体变革。

（七）与教育科研结合，精准推进

十八中长期以来坚持科研强校，以教育科研作为学校发展的第一生产力，充分发挥教育科研的引领、支撑和驱动作用。

在学习共同体变革推进过程中，十八中加大教育科研投入力度，每

个学科都申报了学习共同体变革课题，对学习共同体变革进行深入研究。同时，通过内外联动，积极引领专家与研究型教师开展学习共同体变革专项研究，通过深挖学习共同体变革内涵与价值，不断拓宽学习共同体变革课程开发的路径，努力优化学习共同体变革课程的实施策略，以学术的力量推进学习共同体变革的持续优化和创新，使学习共同体变革高效实施，精准推进。

（八）与课例展示活动结合，实践推进

在学习共同体变革推进过程中，十八中积极开展了课例展示活动。通过课例展示、任务驱动，以实践的方式极大地推进了学习共同体变革的落地。在这个过程中，许多老师获得了优质课展示和在讲课比赛中获奖，提高了老师们学习共同体变革的积极性。

（九）与集团优质学科基地建设结合，常态推进

为进一步整合集团内部优势资源，充分发挥成员校优质学科优势，促进集团整体教育教学水平提升，十八中教育集团成立了20个学科基地，涵盖了小学、初中、高中三个学段的全部学科。加强集团内部交流与协作，使学习共同体变革从单体校开展到多校区协同共进，以集团优质学科基地建设，促进了学习共同体变革的常态实施。

二、取得成效

1.独立设计出了学习共同体课堂观察量表、教师语言流动和巡回路线观察量表。

2.教师由演员变为导演，变灌输式讲授为探究性讲授，设计基础性

问题和挑战性问题，敏锐观察课堂，使每一个学生不掉队。

3. 课堂实现了"四让四还"。让出空间，让出讲台，让出精彩，让出角色。把思考时间还给学生，把表达机会还给学生，把体验过程还给学生，把认知反思还给学生。

4. 学生实现了 8 个学会。学会感恩、学会尊重、学会倾听、学会相处、学会助人、学会分享、学会欣赏、学会珍惜。

5. 学生实现了学习的"三位一体"，同自己对话，同他人对话，同客观世界对话。学生对学习共同体的认识也经历了一个从被动应付到主动配合，再到习惯适应。从物理空间的变化到心理空间的变化，从教学到学习的变化，从自觉到自发的变化。

6. 课堂结构变化。课堂教学实现结构性、功能性转型课堂从"有安全感的课堂"到"横向联系的课堂"，再到"合作解决大问题的课堂"。我们的老师成为学生学习行为的设计者、陪伴者、见证者、喝彩者。我们的课堂实现了基于协同，共情、共话、共创的课堂。

7. 线上学习共同体。在疫情期间，我们还进行了营造有温度的线上学习共同体改革，被《中国教育报》刊登，面向全国推广。

基于学习共同体理念的学校治理优化

北京市丰台区第八中学　李　宏

基于学习共同体理念的学校治理，指保障每位学生的高品质学习权，持续激发教师专业智慧，优化学校治理系统，多元动态联动教研，学生互相学习、教师互相学习、师生互相学习，学生积极主动地向挑战性学习任务挑战，持续提升创新活力。

课程改革的深处在课堂，课堂是学生学校生活的生命片段。丰台八中一直致力于"至真"课堂的变革，回归育人本真。学校的课堂变革，历经四个阶段，分别是：SOLO 理论的学习和课堂实践阶段、探索生态课堂阶段、融合课程研究和探索阶段、学习共同体课堂研究与实践阶段。

佐藤学教授所引领研究的学习共同体，旨在让学习发生在每位学生身上。学习就是同客观世界、同他人、同自己的相遇与对话，学生在充分对话中，实现深度学习。学习共同体的三要素是"互相学习、向挑战性任务挑战（创新）、学科本真"。

学校基于新时代人才培养需要和学习共同体理念，进一步系统优化学校的治理。

一、系统构建高质量的"至真"教育体系

丰富"至真"教育理念体系，构建整体育人的"至真"课程体系，建设自主赋能、开放创新的教师团队，不断优化"扁平矩阵式"的治理机制，形成了"双轨互联"教研机制，进一步优化教研治理机制，通过深度教研引领学生的深度学习。

（一）构建并优化"扁平矩阵式"的组织运行机制

构建了"扁平矩阵式"组织运行机制，保证每一位项目负责人都有权调动学校的课程资源，形成了"课程统领、项目带动、各部门联动配合"的特点。

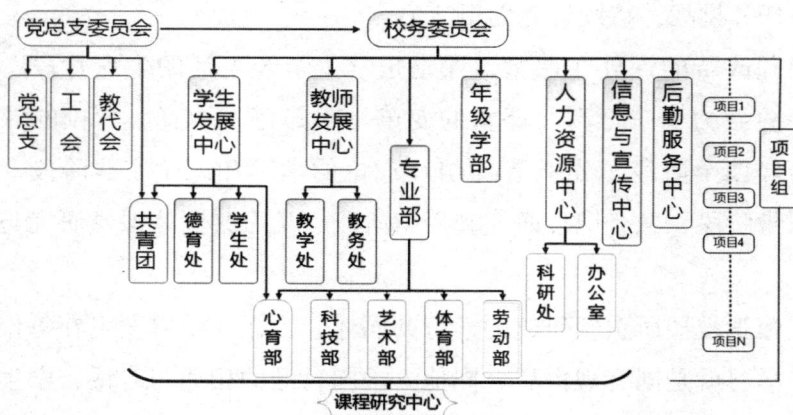

党组织领导的校长负责制组织架构图

（二）丰富育人目标的表达

结合新时代育人要求和学习共同体"三要素"的理解，聚集学生的

首要核心素养——"创新素养"和"合作素养"，培养有担当、懂合作的创新人才。进一步明确丰台八中的育人目标为"培养'知行合一'的新时代至真少年"，具体描述为：健身心、尚品德、善学习、懂合作、会审美、求创新。

（三）系统构建了丰台八中"至真"生态课堂模型

明确"至真"生态课堂的核心内涵：

基于本真：基于学科本质、遵循学习规律，尊重个体发展。

相互倾听：师生之间、生生之间相互倾听，平等对话，相互学习。

挑战学习：问题开放、有趣、挑战，引发认知冲突，激发心智挑战，形成自主探究的内在推动力。

自然润泽：师生、生生之间平等、尊重、相互信任；每个人都自然、真诚、和谐地表达思考。

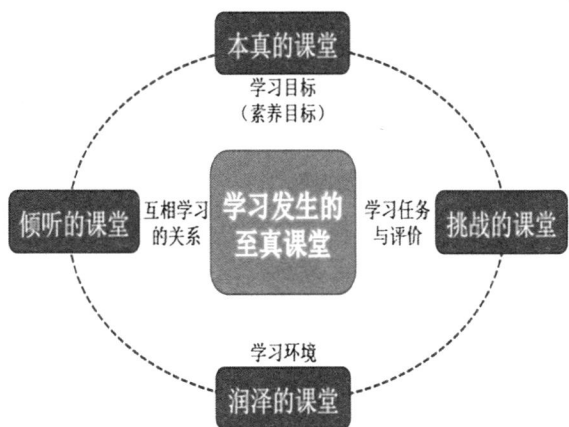

丰台八中"至真"生态课堂模型

（四）形成了多元动态交错互联的教研机制

学校基于课堂变革研究，持续系统优化。整合专家引领资源，以班级文化建设和学生自治为基石，将校本研修、学科组主题教研、年级（班本）教研、双轨教研、闭环教研、干部教研、干部跟组、教研组长研修、青年班教研、师生专题教研等机制系统关联，根据学生学习研究的需要，形成了项目牵动、多元动态交错互联的教研机制。

教研路径优化思路。问题驱动，各级教研（课例研究）展示活动任务驱动，校本研修课程统领，开展主题化、项目式、长周期、专题递进、互动参与式的校本研修活动；教师基于引领学生高品质深度学习，在多元协同教研中协同学习，实现反思性成长。举例如下：

教研展示驱动任务	研修主题	学习共同体要求
2023.03.03 区级全学科视导活动	学习共同体与项目学习高质量融合	每个学科组均要设计微项目，作为挑战性任务
2023.03.31 全国学习共同体课堂变革论坛现场研讨会	学习共同体与项目学习常态化融合	学力弱的同学主动寻求帮助及对其无痕帮助
2023.11.17 丰台区项目展示活动	构建高质量常态化学习共同体课堂样态	师生共同提出驱动任务，实现学生的持续探究
2023.03.15 北师大学习共同体研讨活动	聚焦学生探究性对话	各年级开展探究性对话的专题研究（班本教研、主题班会）
2024.03.27 第五届全国学习共同体大会	学生探究性对话突破	初一年级：倾听关系的构建；初二年级：探究性对话的发生；初三年级：在探究性对话中提升学生的高阶思维

二、聚焦关键问题解决，搭建突破性引领支架

（一）构建良好倾听关系

1. 问题：在倾听关系尚未有效构建的情况下，优先深入研究挑战性问题，使课堂有了不能安全发声的隐患。

2. 策略：干部团队均在主责范围内进行引领倾听关系构建的专题突破。

校长引领全校重启倾听关系的构建，引领"倾听"文献学习；设计开展不同层次的教师领导力训练，重在倾听关系和同僚关系构建的要素训练。

副校长主持区级课题"提高初中学生倾听能力的研究"；教学主任主持北京市中层后备干部培训班学员课题"基于学习共同体理论构建倾听关系的研究"；学生发展中心主任开展全校优秀学生小组的评选和展示活动；年级主任倾听训练、展示各班优秀学习共同体小组。

（二）设计挑战性学习任务

1. 问题：教师优于基于教材列出高阶知识结构，难于提出高阶问题，更难于提出挑战性任务。

2. 策略：干部团队均在主责范围内进行设计挑战性学习任务的专题突破。

校长，找准问题症结点；引领全体教师学文献，区分基础问题和挑战问题，理解"四何"问题（是何、为何、如何、若何）；结合研究课题名称，对备研组长、骨干教师团队进行培训，分析因变量与自变量的

关联性，理解高阶问题层次；组织开展全校干部闭环观课汇报，实现干部研究课堂能力同质。

教学主管副校长，结合 Solo 分类评价理论的学习，引领全体教师理解问题与思维层次的对应。

教研组长携团队研究挑战性问题提出的路径。

（三）学习共同体与项目学习高质量融合

1. 困惑。有的老师提出："全校研究学习共同体，新课标对项目式学习提出了要求，区级教研全面推进项目学习，我们精力不够，顾此失彼，怎么办啊？"

2. 策略。开展"学习共同体与项目学习区别和联系"专题系列校本研修，基于单元学习的作业设计研究，搭建关联支架，引领理解二者异曲同工的关系。

系统设计校本研修课程：

基础课程：全员大讨论，厘清学习共同体与项目学习的关系。

拓展课程：各学科组完成至少一项基于单元学习的微项目设计。

研究课程：选取案例教研组，开展基于单元学习的作业设计优化研究（市级规划课题）。

历经近六年的学习共同体建设研究，学校的学习共同体课堂变革取得了阶段性成效。

通过调研学生，认同自己的协作分享、倾听表达、批判质疑、探究实践、问题解决能力均获得了明显提升，学习成长的关键词聚焦"互帮互助、共同进步"，表述学习共同体的真正意义是：领略创新与合作，感受智慧与温暖。教师聚焦学习共同体的关键词是学生、平等、挑战、互助，眼里有学生，学生对教师无比信任。

对 2019 级、2020 级、2021 级学生进行连续三年跟踪分析，学生的学科高阶能力表现为整体显著提升。

建构学习共同体　促进教师专业发展

北京市丰台区丰台第五小学　李　磊

幸福教育，是我们丰台五小教育集团的办学追求，学校的"幸福文化"就体现在四个方面：拼搏向上作为五小人的精神内核；永不言弃是我们的品质追求；追求卓越是五小人的行为准则；幸福领跑是我们的人生状态。

这四个方面共同构成了丰台五小幸福教育的价值核心，指引我们在不断突破创新中感受成长的幸福。尤其对高品质课堂教学执着砥砺，坚持让教师在研究中促进自身的专业发展，享受着成长的幸福。

一、开展学习共同体研究——我们为了什么

追求学习真实发生的课堂教学，是我们进行学习共同体研究的起因。

丰台五小对高品质课堂教学的研究实践经历了五个阶段。

（一）1.0 时代

第一阶段（2010—2013 年）：唤醒并发展学生的自主性。

在这一阶段，我们研究了"教什么"，关注"核心概念的确立"和"学科概念的把握"，注意引导学生将生活经验自然而然的联系到当下的知识中，让学生发现自我经验、自我认知的价值。

第二阶段（2013—2017年）：让倾听成为学习发生的新起点。

总结了"自主学习八会"。推动教师的听，让老师能够听到学生的内心，老师充满情感，就能够推动学生成为主体。

（二）2.0时代

第三阶段（2017—2020年）：聚焦课堂公平，让角落里的学生都可以发光。

2017年，我们与学习共同体相遇，让我们对之前的困惑"如何让每一个学生都能发生真实的学习"有了理论依据和解决问题的方法。

研究进入到2.0时代，共同体学习方式研究的深水区。

佐藤学教授的"学习共同体"理念深深吸引着我们，越学习、越研究，就越发现这一理念与我们的幸福教育理念完全一致，这让我们对自己的"幸福交响课堂"充满信心！

共同体理念，推动我们通过研究，在课堂上实现生生间、师生间的幸福交响，实现学生能力提升、素养形成。教师的专业成长，体现在全面关注学生、全面育人上，课堂上让每一个孩子都发光！

（三）3.0时代

第四阶段（2020—2023年）：学教评一致让学习更高效。

2020年以后，随着"双减"的到来，共同体学习迎来新的挑战，既要减负，还要提质。

我们在研究中发现，共同体发展中，不可忽视目标的落实，目标和结果间建立联系，就是课堂量规。我们在量规研究上下功夫，用"课堂量规"进行"学与教"效果评价，落实各学科教学本质，实现了目标清晰、精准减负、学教评一致。

第五阶段（2022年开始）：教师高品质的设计：做中学，用中学，创中学。

> 研究的问题是来自学生、来自生活的真实的问题吗？
> 研究的方式是学生自己想要的吗？
> 研究有产品产生吗？产品能解决提出的问题吗？

2022年新课标，强调综合性学习、项目化研究，体现教师的大视野、优秀的创新能力，能够促进学生的高阶思维，让学生有创造能力。这也是共同体学习理念指导下课堂的进一步延续和深化。

二、持续研究，建构师生学习共同体——我们做了什么

（一）共同体研究抓几个核心关键

1. 蹲下去。

学习共同体要求老师蹲下身子，蹲到学生身边去，蹲到小组里去发现问题：小组里有没有发生学习，学生的相互交流有没有产生？老师们近距离看孩子，就发现了孩子倾听的水平大不一样。这促使教师有针对性地解决问题，蹲下的是身体，更是倾听学生、关爱学生"柔软的心"。

2. 听得见。

教师课上要少讲，一是给足自学时间；二是小组协同学习累计不少于20分钟。教师相信学生，才会看到精彩，才会真正的教学相长。以往上课，更多地关注学生的观点是否接近自己的答案预设，教学环节是

否按照既定的进程推进，容易忽略学习内部的真相，比如学生具体的学习困境和需求，学习结果的思维过程等。

现在，蹲在学生的身边，尤其是学困生的身边观察：老师这么问，他的表情听懂了吗？老师给的时间，他是怎么使用的？遇到困难他是放弃还是求助了，身边的同学是不是能够主动发现他的困难，不放弃他？这个小组的协同怎样？……

听见了，老师的心离学生更近。教师也由教者变身学者，以学导学，以学助学。

3. 动脑想。

进而，教师的脑子动起来了。

例如：如何实现自主学习：怎样才能建立固定的规则？

例如：研究课堂上我该怎么推动学习？当学生表达不清、观点过于分散、思维需要提升时，教师会用"你再想一想？""你从他的发言中听懂了什么？""你有什么新想法？"这样的语言，把问题一次次地抛给学生，激发他们继续学习、不断挑战的热情。

4. 深研究。

随着学习共同体的开展，我们的研究更加深入。如何根据学生生活实际，精准确定教学目标；怎样设计有挑战的问题，让学生的思维走向深入；教师如何进行串联与反刍；如何设计有效的支架，发挥好教师的作用；学生的互学关系、伙伴关系如何建立等。

5. 门打开。

学校干部和骨干教师率先进行课堂实践，有需求的老师随时进班听课观摩，实实在在地看到课堂应该怎样转变。

由"评课"改为"议课"。不评教而评学。通过教师观察学生是怎么学的以及学习效果，反观教师的教学设计及教学行为。立足学情观察，有依有据，实事求是，提供有效措施，和自己一起反思，老师们彼此看到伙伴提供那么多自己看不到的细节，梳理了生成中的宝贵资源，也就更愿意大家走进自己的课堂，对议课教研充满期待。

6. 能合作。

教师的专业发展体现在研究方式的改变上，不遗余力地发展学生，不仅校区内合作，集团校区间也协同成长。例如：

本校区：各年级全部学科共同制定和落实共同体课堂公约，如，统一倾听要求、语言交流系统、细化培养策略。

银地校区：紧紧围绕"小组协同"开展持续的研究，发明小儿歌，不断更新观课单，进行"小组协同"观察指导。

京铁校区：全科观察，一个班的所有学科老师都来听课和观察，再找到痛点，制定方法和策略。

鸿业校区：课堂微观察。

科丰校区：研究课堂支架，如何助力学习，推动课堂。

校区纵向主题式研讨聚焦多学科、跨学段教师智慧和合力，围绕主题细致、深入、持续研究。

此外，学校的评价，不评价教师个人，而是评价组织、评价集体。备课、说课、试卷分析、教研组上课、教研组项目研究等，都打团体战，这样的做法让我们的教研团队更加团结，每个班的困难学生，每个老师遇到的困难，全教研组都放在心上，都在集体培养。

7. 会创新。

例如：创新大字报使用。让学生更加聚焦文本，更加聚焦学习过程的记录。用不同颜色的笔，随时体现学生的发现、问题，思维提升的过程留下痕迹，有利于反思"回头看"。

例如：创新学习单迭代。课堂上，我们利用一单、一规、一表，清晰地看到学生的发展，看到自己有没有促进学生的发展！

一单：是学习单，为了学生的每一节课，反复研究。

一规：是课堂量，根据课型，不断改进。

一表：是课堂观察表，不同阶段逐步进阶。

每个人都加入学习单的研发和挑战性问题的调研、斟酌、比较、设计的全过程，表面上是学习单、大问题，背后深挖教材才能直击核心知识与素养，探究过程为了形成学科的思维习惯管理实践和关键能力，承载着育人目标。

三、持续研究，形成师生共同成长的教育生态——我们做得怎么样

通过学习共同体的研究，我们不仅形成了学生学习共同体，也建构了教师学习共同体。

1. 真诚互助的学校文化，成为个体发展的基础。

今天我们的课堂里，孩子们敢于挑战我要学，幸福协同互相学，包容接纳集体学，携手走向学习的幸福彼岸。

我们的老师，从"教"走向研究"学生的学"，这是我们一位美术老师，进入共同体 7 年来的变化。2017 年，刚刚进行共同体研究的时候，座位方式改变，但老师还是高高在上，全体专注于听。2020 年的她，腰是弯的，课堂润泽起来，讲台也不再是教室的中央。2024 年的她是蹲在孩子中间，一起研究，师生更加专注于学。

教师主动教研，享受课堂，专业发展。成立教师工作坊，共同研究，协同发展。

2. 突破创新，不断研究新问题，形成了"三三五五"操作体系。

幸福交响课堂，核心价值理念是：自主、公平、包容、协同发展。

其中，师生"共同建构学习"的三要素，是：基于学科本质的挑战性学习问题，安静安全安心的学习环境，以倾听互学为基础的协同关系。

学习过程的三个环节是：深度自学、协同互学和思辨群学。

教师推动学生真实学习的 5 个原则是：真实任务驱动原则、积极情感推动原则、协同探究原则、全员参与原则、学以致用原则。

培养学生真实学习的"五特征"，即敢说我不会，敢说我不同，善有新发现，自主会合作，举一能反三。

3. 平等沟通，促进了家校关系的和谐发展。

学习共同体理念，使教师的内心更加柔和，更能用欣赏的眼光看待每一个孩子，更能用平等的心态与家长沟通。家长感受到了教师对教育的热情，对学生的真爱，更感受到了来自教师的那份真诚。家长对教师更加信任，减少了许多家校矛盾，问题解决更加顺畅。学校成立了"家长悦心坊"，为家长排忧解难，使家校关系更加和谐。

课堂改变　学校改变

北京市丰台区草桥小学　林艳玲

草桥小学"融情教育"理念下"以情引智"的教学，重在激发学生内在的学习情感需求，重点关注学生的非认知因素。近年，学校"以情引智"的教学，从满足学生需求出发，以"知识建构"理论为支撑，建设学习共同体，提升学生的核心素养。

一、改变校本教研的方式

学习共同体的课堂要求教师要放下权威，真正地尊重每个学生，相信每个学生，给学生充分的时间，让学生自主探究，协同学习，让每一个学生真实的学习得到保障。在每个学生的个性都受到尊重，每个学生的学习都受到鼓励，产生了相互学习氛围的教室里，更能够培育自立、合作、创新的学习者。

要实现这样的课堂改变，校本教研就要发生变化。我们干部教师由坐在后面听课改为或坐或站在学生身边观课，重点是观察学生，关注学生的学，关注每个学生的学习是否真正发生；观察发现研究学生的学习规律，从而进行自我反思、自我感悟、自我调整。老师作为观察员观课之后的汇报，是从观察到的学生学习的事实出发，谈感受、进行反思，最后再结合自己的工作制订行动计划。另外，学校在教学管理方面要保障每个孩子的学习权利，做到不放弃任何一名学生，制定巡课制度。

二、改变教与学的方式

我们从变革教与学的关系入手，从以"教"为主向以"学"为主转变。要让学生的学习成为课堂的中心，要相信和利用学生的学习能力，要让每个学生的学习在课堂真实发生。构建以学生的学习为中心的课堂，是实现核心素养落地的最实质的切入点。基于探究与协同的学习共同体课堂教学改革能够保障每个学生的学习权利，使其追求公平和高品质的学习，能够有效地提升学生的核心素养。

从实践效果看，学习共同体的课堂保证了每个孩子的学习权利，真正做到了一个都不放弃，这是学校的公共使命与责任。另外，立德树人——社会主义核心价值观在课堂教学的主渠道中得到有效落实。学校培养目标——情浓、尚美、体健、心和、启智、创新在课堂教学中得以落实。

三、改变师生之间的关系

学习共同体的课堂教学改革不到半年时间，老师们的感受：师生关系、生生关系——真诚共情，孩子们之间的关系，师生之间的关系变成了朋友、伙伴，竞争关系变成了互助关系；课堂——灵动了，学生的学习兴趣日益浓厚；老师和学生感受更多的是和谐、快乐、享受、心情舒畅；有的老师深刻体会到，这不仅是课堂形式的变革，而是教育本质的变革。

　　学习共同体的课堂教学改革一年半时，老师感受到学习共同体改变了——人与人的关系、沟通方式，改变了课堂氛围、课堂文化、课堂温度，改变了学困生的悲观态度，改变了学校环境……

　　两年的时间，课堂变得安静、安全、润泽、温暖，学生成为学习的中心……学生变得安心、自信，彼此尊重，认真倾听，自然求助，勇敢地说出我不懂，还能进行倾听记录……整个校园静下来了，老师们重过程、重学生的实际获得，关注学生的学，关注学生的核心素养，做到了一个都不少……师生间、生生间温暖和谐，共同成长，教师学习共同体更加突出。

构建校区共同体文化

北京市丰台区丰台第五小学　王育华

学习共同体的哲学中指出，公共性哲学、民主主义哲学、卓越性哲学是进行学习共同体学校改革的基础。学习共同体的学校是学生间相互学习成长的学校，是培育教师相互学习、走向专业成长的学校，构建教师共同体文化尤为重要。

一、干部挑战短板，主动建构倾听、接纳、平等的校区文化

公共性哲学要求：倾听他人的声音，向他人敞开心扉，这是对他人宽容与尊重多样性的精神体现。建立相互倾听的关系是创建学习共同体过程中的第一道难关。能否敞开心扉没有顾虑地说出对他人的想法，能否内心安定地倾听他人的话语，能否心平气和接纳他人的意见和建议……这些都不是学校行政命令之下老师们就能改变和执行的。

（一）案例式培训，干部学会静心倾听

发现问题大家共议，在现实案例分析中成长。不管是谁遇到的、谁

发现的问题，大家都一起分析，找到成功的、失败的原因。每个人都参与其中，静心倾听伙伴，真实阐述自己，说自己不明白的，不会解决的。通过微观发现问题，透过现象看本质分析原因，让问题亮在桌面上，互相征求建议，把自己解决问题的方法思路说给大家听。办公室的安全氛围更加稳固；伙伴的支招，让心里有了底气；给别人支招还被采纳，更让自信感提升……

（二）与老师对话，干部学会真诚接纳

干部要学会做思想工作，会与老师沟通、能接纳老师，作为我们管理能力提升的必修课，尤其强调与每位老师对话沟通，都要能接纳。在这堂必修课中，干部都要突破自己，向自己发起挑战，形成从学校发展和学生成长出发的意识。反复备课列提纲；预设问题，互相沟通想办法；谈成什么结果，大家共同确定，避免反复"拉抽屉"。就在与老师的深谈挖根中，由干部主动建起的表达、倾听、接纳的文化已有雏形，尊重、信赖、平等的氛围也越来越浓。老师们不仅通过对话感受真诚，更看到了干部的一视同仁，看到了得到帮助的老师，那份安心与进取的行动。与此同时，老师们也能真诚地提出干部的问题，从不敷衍。干部们耐心听取建议，立行立改的行动和决心，让老师们很安心。

二、深度会谈剖析根源，全员主动营造真诚、安全的交心场

建立倾听、接纳的文化，首先要有真诚、坦诚的态度，要有安全、安心的氛围。学校坚持用深度会谈的方式，让老师们对起话来，把问题亮出来，大家心平气和，彼此接受并主动改变。这样的会谈方式助力老

师们成长路上有了质的飞跃。

（一）营造安全氛围，宣传做在前

深度会谈需要每个人都真诚表达。怎样才能让老师们消除顾虑？就如共同体课堂一样，营造一个安全的微环境最重要。进行前，我们会在全校进行宣传，解读深度会谈的意义方法要求。真诚坦诚评出方向，评出干劲是我们的目的。肯定优点分析品质，树立榜样是我们的导向。把问题摆在桌面上挖根源，对事不对人是我们的原则。背后不议论，会后不找后账是我们的纪律。尤其要关注第一次深度会谈的结果，以此检验安全微环境的营造。

（二）抓住关键少数，沟通做在前

深度会谈召开的顺利与否，关键少数人物最为重要。我们认为的关键少数就是年级组内年龄最长的老师、成绩最多的骨干和年级组长。这些老师如果放低自己，自我剖析稳准狠，老师们自然会减少顾虑。深度会谈前，我们会与关键少数提前沟通，他们敢于亮剑的行动，推动了深度会谈的顺利展开。

三、用建立联系的思想，人人参与建构教师成长的关系网

卓越性哲学指出，不是谁比谁优越，而是无论何等困难的条件下，都要尽可能地追求至高的境界。我们认为构建教师共同体，就要让教师间都建立联系，去私人化。

（一）干部与教师建立联系，把教师是否成长与干部精准帮扶挂钩

干部与老师建立联系。每个干部都有主管组，自然会与老师们建立联系。为了让联系不走过场，在真联系上下真功夫。每学期我们都会对学校所有班级进行分析，把较弱的班主任与有引领作用的班主任挑选出来，干部与一强一弱的班主任进行捆绑制联系。能力弱的班主任，干部们认领下来教方法，让班级管理水平均衡起来；能力强的班主任，干部们负责起来，在高品质上下功夫，以此提升带动优秀班主任的优质水平。

（二）党员与群众建立联系，把群众是否进步与党员帮扶是否到位挂钩

坚持党员联系群众，每位党员都有群众联系人。本着联系后有真变化为原则，党支部提出，群众的提升点就是党员要帮助群众的联系点。这个提升点如何确立，党员老师要与群众进行分析，共同确立目标。党支部把群众是否进步变化与党员联系是否有效紧密挂钩。真联系真帮助，才能让群众从内心中真切地感受到党员全心全意为人民服务的精神，才能让党员队伍成为群众成长最可信赖的组织。

（三）新入校的老师与团队建立联系，把新人归属感能否建立作为检验团队安全度与接纳力的依据

教师队伍增加新人，学校稳定最关键。一方面是让新人安心、安定，有信心；另一方面是让学校文化得以在更多教师中吸收和传承。我们都要发挥年级组的力量，让新人有归属感，这也正是考验年级凝聚力、吸引力的大好时机。对于新人与谁搭班、分在哪一组，我们也是经

过深思熟虑，不是为了补一个空岗而轻易结对，跟谁在一起很关键！召开新人座谈会，近距离沟通了解需求、想法、困惑，看看是否信心十足，看看是否焦虑紧张。从调研入手才能帮到点上，让老师信任学校，有话愿意和学校说。学校也要善于发现他们的优势，乐于发挥他们的作用。

　　学校共同体文化，凝聚了团队的合力，使全体教师有了共同的愿景，大家为之努力前行。